U0135769

心理勵志386

老いた親を愛せますか？
それでも介護はやってくる

岸見一郎——著

陳令嫻——譯

面對
父母老去
的勇氣

父親過世之後依舊向我訴說

儘管死亡逼近眼前，依舊想活得像自己

與年邁的雙親建立良好的關係

老與死，我們每個人都必須學習的功課

—— 郭強生（作家）

自從我出版了《何不認真來悲傷》之後，因為書中描寫了我獨力照顧失智父親時所遇到的驚惶慌亂，身邊有些朋友讀完我的書，向我表達了他們的理解與關心，我才驚訝地發現朋友中有多少人也正在、或曾經、或即將為類似的責任焦頭爛額。讓我奇怪的是，在我出書之前，大家都不會主動聊起這個話題。我成為一個讓他們可以放心說起自己焦慮辛苦的對象，否則家有失能長者這個事實，彷彿必須被隱瞞。

如果我一開始就知道哪些朋友有過照顧年邁父母的經驗，我也許就不會那麼失措。不說別的，當想要聘用外勞看護時，面對全台兩千家仲介公司要如何挑選呢？仲介公司良莠不齊，而且多有他們自己的盤算與業界一些眉角花招，一般人怎麼搞得清楚呢？更讓人沮喪的是，面對這個快速老年化的社會，政策的腳步不但跟不上時代，甚至與現實脫節。如果你跟社會局或相關單位請教，他們會告訴你可以把老人送日照中心，晚上帶回家；或是可以每天派人到府做居家照護……我最後只能回答：我的工作在花蓮，而且我們家只有我一個人，我沒有任何親友。晚上帶回家？居家照護幾個小時？那夜裡呢？

每家面對的都是不一樣的難題，只能自己摸索碰運氣。

我不得不留職停薪。因為即便請了看護，讓父親每天面對語言溝通不是那麼良好的外人，一週只能見到我一次，我就是放心不下。沒想到，果然天有不測風雲，用了三年的外配看護無預警辭工了，還惹來一堆問題，幸好我是留職停

薪，一切等於全部打掉從頭來過。別說我人如果繼續還在花蓮，這又是一場災難，就算我人在台北工作，面對不知何時才能再有幫手的空窗期，我也無法按時去上課，仍然得無限期的請假。

自己接手的這段期間，發現父親比三年前又更衰老了。起床要人協助，雙腿更加無力，然後就是不肯吃飯，每餐都要哄餵。從早到晚，幾乎寸步離不開人，每晚要等父親上了床，我才鬆一口氣。畢竟我也是五十多歲的人了，這份照護工作不僅勞心，也很需要體力。

看著父親的失能，自然也會想到單身自己的老後。

有朋友問我考不考慮把父親送安養院，我立刻搖頭。也許那是我為自己將來所做的規劃選項，但不適合我的父親。歐美的老人從小孩一長大自立門戶，就已經在為自己如何安享餘年做準備了，要搬進養老院也要趁自己還能有自理與社交能

力的時候，重新去適應一種團體的生活。老人的文化在台灣（或者說在亞洲）還未建立，每個老人的心裡還是覺得自己要有「家」，就算參加了一些社團，活動結束還是各自回到自己的「家」。除非真到了萬不得已，我想我還是願意努力讓父親有這一份居家的安全感。

即便我已經自認對照護老父這件事想得很清楚了，但是面對自己的生活總是遭遇停擺，每晚父親上床後我一個人到超商買杯咖啡、在路邊抽菸獨坐的時候，心情上總有說不出的一種惆悵若失。世間大概只有在面對父母年老這件事上，我們盡一切努力的付出，卻只是為了最後的歸零吧？

以《被討厭的勇氣》一書在台灣大受歡迎的哲學家、心理學家岸見一郎，最近推出了這一本《面對父母老去的勇氣》，多少給了我一些觀念上的啟發。

看完這本書才知道，原來岸見一郎在自己大病一場後，停下工作開始負擔起照

護失智父親的責任。他在書中提到的許多經驗，我讀來都心有戚戚焉。但是岸見一郎並非文學家，他的文字較偏向理性與分析，我想這是與他的專業背景有關。

如果讀過《被討厭的勇氣》就會知道，他的分析研究是建立在人際關係這個領域上，所以這本《面對父母老去的勇氣》既不是提供醫療常識，也不是生死哲學，而是把照護年老父母定位在一種新的人際關係上。這也是讓我覺得值得參考的一種新觀念。

就像我前面提到，與年老父母的關係，最後一定是走向結束，這就是與我們人生中其他所有人際關係最大的不同，也讓我們最難釋懷。而年老失能的父母與我們記憶中的父母有著何其大的落差，這也是讓我們在面對照護父母時產生最多心理衝突與困惑之處。

但是岸見一郎把面對老去的父母，定位成一種新的人際關係學，譬如說他指出，承認「活在當下」的父親，不強求過去與未來，字面上彷彿很無情，但確實

是做為照護者的我們，在心理上必須接受且了解的一件事。又譬如他提到，「照護父母需要認真的心態，但是不需要沉重的心情」，「面對父母時，我們可以以『人』的身份，而非『子女』的身份」，或許就可以減低一些心理上的放不開與放不下。我喜歡他這一段話：「我和父親在一起時，絕不是什麼也沒做，父親醒來時我有很多事要忙，就算是父親睡著了或在發呆，我也不是什麼也沒做。靜靜陪在身旁有其意義，就是一種貢獻。」我在我的《何不認真來悲傷》中也寫下過類似的心情：「一開始覺得整天啥也沒做很不安，但是習慣以後發現，這不就是陪伴的真正意義？」

岸見一郎沒有提到的是，這種新的人際關係漸漸地也會擴大到我們照護父母之外的生活中。就譬如我們也要學習如何將這樣的經驗適當的分享。在我開始寫下我的照護經驗之前，朋友們從不跟我討論這方面的話題，或許是不知道如何開口，怕讓人覺得自己是在訴苦？還是覺得討論病老死是某種文化上的禁忌？我們都將老死，學習與朋友共享這段下半場，這也是我們人際關係的一環。

畢竟每個社會有它不同的制度與習慣，在台灣關於面對老去的父母，或者面對自己的老去，都是需要繼續交流互動，才能讓一個健全的高齡化社會慢慢建立。

而在目前，我看到有關「老」這件事的認知，多半還停留在生理現象，如何能讓老化速度減緩成了唯一追尋的目標，所有的保健藥品補品廣告都在告訴我們這一件事。那麼，我們究竟要到哪一天才了解老是怎麼一回事呢？

這是年邁的父親正在教導我的人生功課。

※ 延伸閱讀

《何不認真來悲傷》天下文化出版，郭強生著

榮獲第四十屆文化部金鼎獎、中時開卷二〇一五年度好書獎

人生的必修課——承認自己的有限

—— 彭懷真博士（中華民國幸福家庭促進協會理事長）

在婚前諮商時，即將結婚的新人常被提醒：「新房的床，躺著六個人——新婚夫婦、雙方父母。」每一個人都是帶著原生家庭的經驗進入婚姻之中，父母即使不在眼前，依然持續影響、甚至主導婚姻關係。父母，是子女永遠要面對的，即使有了配偶，要學習夫妻相處的新功課，與爹與娘相處的作業，還是得一直做、一直做，沒有結束的時候。

一對夫妻，六個人物，個個健康是奇蹟

結婚後，這六個人都健康，並不容易。隨著年歲漸長，機率愈來愈低。若將每個人狀況分為「健康」、「疾病」、「死亡」三種，六個人都屬於「健康」的機率，只有七百二十九分之一。

以我為例，因母親自三十三歲即罹患慢性病，與妻子成婚時，她是肺結核患者，我結婚後從來沒有六人全部都健康的時候。婚後第十二年，岳父過世。婚後第二十七年，母親安息主懷。第三十二年，父親辭世。自此之後，只剩下多病的岳母、常生病的妻子，還有不知道算不算健康的我。

這本《面對父母老去的勇氣》主題是作者經歷父親、母親的病痛，乃至死亡，還包括自身罹患心肌梗塞時的掙扎。如同作者提醒的：「人生不能後退，身體的退化也不可逆，沒有人可以擺脫老化。人的年齡不斷增長，並不單單代表從青春高峰走下坡，我們應該能從年齡增長中找到值得肯定的意義。」他示範如何找各

種肯定的意義。

中年人的功課是學習做照顧者

我是社會學家，愛分析，愛說真話。我必須提出諍言：除了身體狀況，更關鍵的是家人間微妙的關係。六個人，有多達三百零一種關係。換言之，每一種關係都好，機率是千分之三點多。但我也是社會工作者，應該多些分享，尤其是給予正面能量的分享。這本書基本上是分享，我就分享最近幾年的經驗吧！

家母長期需要照顧，她人生最後幾年，有二十四小時的主要照顧者。家父罹癌後，也有二十四小時的主要照顧者。但那位照顧者的表現，讓家母家父都吃了苦頭，也讓我們子女生氣，卻始終沒勇氣改變困境。我多麼希望有更多真正關心且瞭解老人的全職照顧者，成為適合的人力。家父辭世後，我連續寫了《老年學概論》、《老人心理學》、《老年社會學》、《家庭與家人關係》，目前正在寫《老人照顧》。唯有堅實的知識為基礎，老人的照顧者才可能真正懂老人，懂得照顧

老人。

寫書容易，照顧人比較難。妻子去年三月因心房中膈缺損動了手術，住了幾天醫院。今年三月來場更大規模的，二日跌倒，左膝髕骨碎成三塊。愛妻不良於行，我是主要的照顧者，這是比做老師、寫文章、做廣播都要難的考驗。去醫院看病、去中醫診所復健、去藥房抓藥⋯⋯，都是小事。買菜、做菜、跑銀行郵局⋯，也是小事。不過，很多小事湊在一起，要任勞任怨，要和顏悅色，絕非易事。

妻子的傷，其實是小的，傷筋動骨一百天，幾個月就會好，無數人的傷，難以痊癒。妻子試著問能否算是身心障礙者？當然不是。全台灣已經有七十五萬失能、失智、身心障礙者，需要長時間的照顧。照顧，比正式的工作還要辛苦。上班，一週四十小時；照顧一晃眼就是四十小時。中華民國家庭照顧者關懷總會統計，平均每天照顧時間是十三點六小時。服務時間比照便利商店，全年無休。

更重要的，平均需照顧十年。我有好些朋友因為要照顧父母或配偶，早早退休，全台灣有上百萬的人因為要照顧父母或身障者，提早結束職業生涯。

在分享照顧歷程中自我療癒

因此，恭喜全家都健康的讀者，實在太幸運；羨慕全家都和樂的讀者，實在太珍貴。但我的烏鴉嘴提醒，萬中選一的美好時光可能隨時結束，生活重心因為一點事故或疾病，立即由彩色變成灰白，醫院與診所，不可能是彩色的。心境轉換為低沉，難以展歡顏。

「當你所愛的人病了」時，除了作為照顧者之外，該做什麼呢？分享吧！作者在此書示範了具體的作法。當他的父親母親在醫院接受治療時，他以寫作來進行自我療癒，治療因為父母的病而受創的心靈。其實，他自己也病了。透過動筆，他面對自己的有限，這是人生的必修課。

生病使我們知道自己多麼的有限，以往人生的主題是「我想、我要、我能」，都是肯定句。但因為家人和自己的病痛，生命的主題轉換為否定句，作者一再提到「我不想、我不要、我不能」，例如「我不能強逼父親實現我的願望」、「不要期待對方會說謝謝」、「不需要對父母激動」、「子女不能阻止父母想做的事」。每一個不，都有些無奈，都顯示自己的疲憊、乏力、困倦……。

放下對權力的執迷，承認人生的有限

作者深刻觀察到家庭裡的許多問題，尤其是與父母關係的癥結來自權力之爭。

一方刻意要對方順從自己的意志時，必然會造成不愉快。他提醒：「覺得自己對而對方錯，便已陷入了親子間的角力。而解決權力鬥爭只有一個方法，那就是放棄鬥爭。」他曾經希望父親母親按照他的要求來生活，認為該何時吃何時睡何時動，認為該吃什麼該如何走動，但要求愈多，衝突愈多。如此處境，做過照顧者都心知肚明。

中年男子，最重要的人生課題是——承認自己的有限，因此設法與人和好。

我在天下文化出過一本書《最近有點煩：中年男人心事》，「煩」這個字最足以描述這個階段男子的普遍心境。不過，煩像是病卻不是死亡，煩是低潮卻不是深淵，煩是失望但非絕望。

煩，可以不那麼嚴重。只要我們多些知性，深刻認識病、痛、老、死。只要我們多些感性，懂得欣賞前人的分享。只要我們多些靈性，更深覺察父親、母親、配偶、自己，乃至生命的功課。

踩在父母的腳印上

—— 盧建彰（廣告導演）

這段文字，寫於台南成大醫院的病房裡。媽媽在我身後，在病床上，正在抽痰，我只能背對。

旁觀者，不輕

旁觀別人受苦，真是件很難受的事，而那別人，許多時候會是家人，你無法輕易把眼光移開。因為是家人，你得關心，但關心讓你不開心，甚至擔心，那從來就不是件輕鬆的事，甚至是件太不能輕易處理的事。

而這讓我感到困擾，我會難受，我會不好呼吸，我會覺得自己很不好，我會想自己為什麼沒有讀醫科。

夜裡，兩點半，電話響，一開始，像在海裡，有海星在打電動，一顆星兩顆星得分的感覺，我在沙堆裡，我在沉船裡，我在海島上，我聽見自海底來的聲音，淺淺淡淡的，幾乎聽不見，因為海浪聲很高，蓋過那海裡被壓悶的高音。

但高音越來越高，頻率越來越急，我下床，搞不清楚方向卻又快速準確的拿起電話，那種不祥的感覺，瞬間襲來，抓住我的身體，在黑暗裡，我覺得我比黑暗還黑暗，恐懼，恐懼將要聽到的，還有恐懼那還沒聽到的感覺。

真恐怖，我不怕黑，但我怕看不清楚黑暗中將要發生的事，那通常不會是好事，尤其是家人的事。

「那是你家的事」

從十七歲我在南一中大門口右邊的漫畫店裡，聽到教官跟我說媽媽車禍病危，我收過四張病危通知，媽媽兩張，爸爸兩張。沒算進來媽媽的、由爸爸收的，還有三張。

我應該練習了很多次，但還是不夠純熟，不夠老練，不夠習慣。

我不愛提這些，因為或許從別人眼裡，「這是你家的事」，但我老實說，這個「你家的事」，常常對我而言，就是整個世界的事。

我們很愛在工作上面對不合理的狀況，就丟出這句「那是你家的事」。但當你真的面對你家的事，你會發現，其實，就算你在工作上再怎麼專業，你都不太能處理「你家的事」。

驚懼之淚

上次媽媽住院，我兩頭燒。因為女兒盧願也生病，感冒加玫瑰疹，兩週，又燒又哭的，和平常總是開心笑呵呵的她截然不同，而且因為生病難受，只有掛在人身上才睡得著，我就做了兩個禮拜人體床墊，同時在每一個抱著小盧願的時候，擔憂著媽媽，想著媽媽在我小時候生病時，是不是也這樣地抱著我？

而我，在她需要我的時候，抱著另一個女人，這樣對嗎？

在這些掙扎裡，聽妹妹回報每天媽媽的狀況，憂心地再出主意，聽到數字好一點就開心，聽說媽媽精神不好就禱告，一直禱告，但心裡還是不夠踏實，甚至拜託高中同學每天去醫院探視，再和醫生討論。還好，在住院一個多禮拜後，媽媽出院了。

那，這次呢？兩點半的電話裡，媽媽吐了，連拿水杯的力氣都沒有，我也失

23　　　　　推薦序　踩在父母的腳印上

去一夜的睡眠。

儘管本來這夜，妻因為我連日陪盧願睡，兩小時就得起來一次，加上工作多比較累，特地要我去隔壁房間自己睡，但這通電話，讓我也睡不去了，只能枯等天明。

天亮，送急診，我衝高鐵，成大醫院裡，檢查頻頻，發燒，白血球到一萬五，肺部發炎，泌尿道感染，住院。

我很怕住院，因為以前關於家人住院的所有記憶會一起回來，那些凌晨空寂只有嗶嗶聲響的走道、那些半夜瞇著眼捧著滿是血的尿布，到護理站秤重量好記錄父親內出血的記憶，全都一起回來。就算閉上眼睛，影像就在面前，深夜裡明亮的醫院走廊，靜寂無聲中，只有我一人的拖鞋聲，比日常獨自的跑步還孤單。

用跑步確定生命徵兆

每次家人住院，總是生命徵兆處在一個不確定的狀態裡，我總是在那許多不確定裡試圖找尋確定，而唯一可以確定的是，跑步。

我總會找出一個小空檔，在醫院附近跑，因為當我跑，我可以用自己的力量，好像可以掌握些什麼，好讓那些我根本掌握不了的，稍稍能夠忍受一些。

明明我陪著家人住院，但我感覺像自己一個人，一個人面對另一個人的可能不見，一個人面對未知，面對害怕，面對那不想面對。

跟跑步一樣。

你總是不知道自己今天會跑得怎樣，呼吸順不順暢，膝蓋會不會痛，天氣會不會太熱會不會太冷，會不會忽然不想跑下去。

跑在成大的校園裡，每個學生都有目的地的往前走著，去約會，去上課，去吃飯，去逛街，去找女朋友，去分手，似乎只有我沒有目的地的繞著校園跑，望著他們，我漫無目的地的跑著，而這無目的地，說不定就是我的目的地。

因為當我又克服一次原本我不確定的跑步，我好像就比較確定點什麼了，那讓我有點安全感。

好像，我確定我可以。

把腳踩在父母的腳印上

這次當我意外地在醫院裡看著《面對父母老去的勇氣》這本書時，我意外的發現生命曲線的重合，意外的發現那些意外，一點也不意外。

原來，每個人面對父母的年老變化，都會趕不上變化，趕不上準備好面對，趕

不上最後一面。

我想起，有個夜晚，父親每隔十五分鐘，就會喊我的名字，當我趕到他床邊，他會要我讓他坐起來，當我使勁抱起他、讓他坐起來後，他會說要站起來，當我把他硬是自床上抬起，我必須把他靠到自己身上，因為他已經渾身失去力量，而當他兩腳著地站起來後，他又會說要躺下來，會斥責我為什麼不讓他躺下，當他躺下後，稍平靜，我再爬回樓上臥室，闔上眼，但睡不去。

十五分鐘後，父親又會呼喊，我再重複上面動作。如此反覆一整晚，直到天明，躺在床上的我心裡納悶，父親已經毫不進食，怎麼突然如此有精力呢？而我好累，這樣的日子，我有辦法再過一個禮拜嗎？

第二天，父親就離開了，那晚是我擁抱他最多次的日子。

也許就像跑步，是如此個人，沒有標準，沒有對錯。你和父母最後的日子，總是有太多遺憾和難以負擔，而那難以負擔又會變成遺憾，那遺憾有時也會變成難以負擔，就跟跑步時的喘氣和痠痛一樣，你得接受，並且想辦法，因為這是你的路，沒人可以幫你跑。還有，終點，看來遙遠，但也可能臨在眼前，一不小心，又變成已在身後，你只來得及淚流。

《面對父母老去的勇氣》這本書，是一個在人生路上和父母跑過的跑者誠實的說法，你可以聽聽，可以對照，可以學習，可以安慰，可以當做教科書，可以當聖經，卸下自己的內咎，也可以扛起自己該有的思念。

我喜歡把腳踩在沙灘上，看自己留下的腳印，小時候，更喜歡把自己的腳，踩在爸媽踩過的腳印上，一路跟著踩，跟著走，直到海中，爸爸的腳印消逝無蹤。

看著《面對父母老去的勇氣》，彷彿看到沙灘上另道足跡，彷彿臨場看著另個

人正把腳踩在父母的腳印上，看他思索著，一邊仔細看自己的腳步，一邊小心翼翼地和父母的腳印相合的樣子。

也許一路延伸，一路消失，直到那條海與陸的界線。

也許，以後盧願也會想踩在我的腳印上，也許我的腳印也將陪伴她一路，一路延伸，並一路消失。

好了，我要轉身，找媽媽了。

照顧失智，隨五里霧而安

—— 林依瑩（弘道老人福利基金會執行長）

照顧失智症長輩，就像在一場五里霧中，真實、虛幻不斷的穿插變換。若隨之波動，想在迷霧般的夢境中，爭個是非對錯、談個明白，往往心神耗竭，甚而大聲吶喊；想尋求夢的出口，夢境之霧卻濃得化不開，不知身在何處。照顧失智者，就像身在這永無止境的夢中，不知何處是終點。

這本《面對父母老去的勇氣》的作者，必定是對失智的父親有著極大的同理心，才能有此深刻的體會。作者在書中描述他患了失智症的父親，如同活在漫天

大霧中，雖然有時大霧也會突然散去，恢復成原本的模樣，有著短暫的清明，但常態依然是不時會忘記吃過飯了，忘了陪伴自己一輩子的老婆。

「尊敬，就是看著對方真實的模樣」，這是作者在照顧過程的重要體會之一，令人恍然大悟，原來照顧失智長輩，不一定要用懷舊老照片勉強他們想起過去，但可以持續「當下、眼前」做得到的事，不要放棄，要懂得去看、要能看見他們仍有的能力，例如雖然說錯了院子裡的扶桑花開的時間，但要開心他仍有「昨天」的概念。

寫這篇序文時，我人正在荷蘭。五點多的清晨，窗外是七分的濃霧，彷彿進到作者描述的夢境般，有些不真實。身在遙遠的歐洲異鄉閱讀此書，體會著日本作者的照顧心情，曾照顧過的台灣失智長輩的身影，也不斷在作者筆下的情境中穿梭，這是一場跨國的失智交錯體會。作者提到，照顧年邁的父母，要用認真的態度，不要用沉重的心情，給了我全新的啟示，重新看待老者照護。

天漸漸亮了，六月的荷蘭，天氣極為舒爽，旅程到今天已告一個段落，收拾行囊，晚上就要帶著在荷蘭學到的珍貴經驗搭機返台，回到更真實的家鄉。全球的高齡化趨勢，各國無不嚴陣以待，但我想，能貼近、同理失智與失能長者的心，才是全球最實用、通用的真理！

自序

有一天，我發現父親年輕時拍攝的照片。父親的興趣是攝影，相簿裡貼了好幾張沒有家人入鏡的風景照。我現在喜歡在假日帶著相機去拍攝花鳥蟲蝶等自然景物，也許是不知不覺間受到父親的影響。

在父親拍攝的照片當中，也有我的身影。那是在我上小學之前，和父親兩人不知道去哪裡玩時拍的照片。雖然，後來我和父親關係變得很緊張，但看到照片，還是能回想起當時興奮的心情與幸福的感受。

成年後，我曾因為過勞而病倒，也為了照護父母而吃了不少苦頭，然而我不時會想起童年時代感受到的幸福。

與人相處，不免遭人憎恨或厭惡，甚至有人因此想要離群索居。人際關係雖然可能造成我們不幸，然而脫離了人群，也就無法感受到生命的喜悅與幸福了。正如事業成功並非人生的目標，因為人不是為了工作而活，是為了生活而工作，如果無法感受到幸福，工作就一點意義都沒有。

就在我們為了生活汲汲營營時，雙親正一點一滴地老去。就算有一天，父母徹底遺忘了過去，子女也不可能拋下他們不管，儘管對於子女而言，承認父母忘記過往是件殘酷的事，但若拒絕面對現實，便無法與他們共處。

最後，雙親可能會連子女都不記得，不僅是從小就與父母關係緊張的人，以往備受呵護的子女，也應該趁他們還健康時，思考當年邁的雙親連自己都忘了時，

究竟該如何是好。

家母在三十年前四十九歲時，便因為中風而撒手人寰，留下父親與我，早早離開人世。父親在母親離世之後雖然得享高壽，晚年卻罹患阿茲海默症。

我原本專攻哲學，現在也持續翻譯柏拉圖的著作，年輕時接觸到阿德勒心理學，於是成為我研究工作的另一條主軸。其實與其說是研究，不如說是在與子女相處的日常生活中，不斷藉由嘗試錯誤而理解哲學與心理學。

當時父親一個人住在橫濱，偶爾會來我家。父親心目中想像的親子關係，與我和子女相處的實際情況大相逕庭，困惑的父親還曾經要求我改善。

但是之後照護父親時，透過與子女相處而領會的阿德勒心理學，使我得以輕鬆重建與父親之間的關係。

現在回想起來，年紀輕輕便過世的母親，並不知道什麼是阿德勒心理學，卻始終以對等的態度和子女相處。等到我學習阿德勒心理學時，發現自己接受度之所以這麼高，就是因為不知不覺從母親身上學會如何建立人際關係與生活態度。如果我的父母讀到這本書，可能會笑我在說大話吧！

本書就從我照護母親與父親的經驗出發，介紹成年子女照護父母時的心理建設、如何和他們重新建立良好的親子關係，進一步討論從照護雙親的過程中所學到的道理，該如何活用於人生的其他面向。

父母教會我的「人生意義」

母親是我的盟友：「那孩子做的一切都是對的」

母親進入舊學制的女校時，正是要轉換成新學制高中的過渡期。她曾經告訴我很想上大學，卻因為雙親強烈反對而放棄。母親還說她在戰爭時曾經學過薙刀，令我大吃一驚，沒想到理性的母親居然相信可以用薙刀和敵軍一較高下。

由於自己的切身之痛，母親深切期盼子女能按照他們的意願升學。我念國中時，學校老師告訴母親，如果想讓我進高中，最好請家庭教師指導。自認家境貧窮的我當時居然並未拒絕，而母親也真的請來要價不貲的家庭教師，我現在想起來還是覺得不可思議。等到我自己有了孩子才明白，子女不會了解、父母也不會

告訴子女家庭的財務狀況。

當時的家庭教師在京都大學的文學部學習佛學。對雙親而言，請來這位家庭教師可能是一大失誤。父親是普通的上班族，我本來以為自己將來會和他一樣，也成為上班族。但是遇到這位家庭教師之後，我發現了和父親截然不同的人生。我很憧憬這位老師大學畢業後，辭掉工作重新回到校園學習佛學的經歷，因此比之前更加努力用功念書。

母親從未干涉過我的生涯規劃，我只記得她曾經對我說：「總之不准當律師。」因為她認為律師的工作必須接觸到人生黑暗面。無論是否如同她所想，我後來選擇的工作──心理諮商師，可能也不符合母親的理想。

等到我上了高中，高中的哲學老師又帶給我巨大的影響。導師曾經在面談時要求母親，不要讓我閱讀哲學書籍，而母親當時的回答是：「請讓他做自己喜歡的

事吧！」

一直以來，父親對我的未來表現得毫不關心，等到我決定專攻哲學時，終於忍無可忍。不過他並未直接跟我說，而是透過母親表達反對。我不覺得父親了解哲學是什麼樣的學問，也許他想到的是，留下「人生不可解」的遺言，而跳華嚴瀑布投水自殺的藤村操（譯注：生於北海道的菁英學生，十七歲時由於厭世而於華嚴瀑布投水自殺）。後來母親過世，父親看到我送母親的遺體回家時，還以為我會傷心到追隨她一起走。

父親要求母親阻止我念哲學時，母親也是回答他：「那孩子做的一切都是對的，我們就支持他吧！」

母親也不了解哲學，只是從自己的經驗得知，雙親不應該代替子女決定進大學要學什麼。如果父母干涉子女的選擇，之後如果子女人生受挫，可能會把錯怪

在父母身上。我不認為父母能為子女的人生負責，所以聽到父母代替子女決定就學、就業，甚至是婚姻時，總是非常驚訝。

雖然母親說「那孩子做的一切都是對的」，但我當然也曾經迷惘和做錯事，只是在念哲學這件事情上，我的決心異常堅定，而母親願意做我堅強的後盾，讓我十分開心。

我一直到現在都還感受到母親的影響之大，想要以母親對待我的方式，對待自己的子女。

　　　　　　第一章　父母教會我的「人生意義」

就算是父母，

也無法負責子女的人生。

病倒的母親教會我「生命的意義」

母親和我生日同一天，生肖也相同，大我兩輪的母親，一直與我維持相同的年齡差距，邁向老年。

某天早上，母親起床時發現自己無法動彈。前一天晚上她在女兒女婿家度過快樂的時光，玩到很晚才回來，第二天醒來時想說話卻說不出口，自己也覺得很奇怪。她馬上前往醫院接受診斷，結果發現是中風。

當時我對中風一無所知，從沒想過母親會這麼年輕就中風。之前母親雖然說過

好幾次頭很痛，卻堅持那只是更年期症狀而不願就醫。母親的確從年輕時便很健康，除了流產失去弟弟那一次，我不記得看過母親因病臥床，所以只要母親說她不去醫院，無論身邊的人如何勸說都沒有用。相反的，父親常常抱怨不舒服，年輕時就曾經三更半夜緊急請醫生來家裡看診，兩人簡直是天壤之別。

當時母親就診的醫院只有一般的內科，診斷之後馬上住院。住院的第二天便開始復健，恢復情況良好，我以為母親馬上就能痊癒出院，沒想到一個月之後卻再度中風。當時治療中風的唯一方式是施打溶解血栓的點滴，以對症治療。

母親二度中風之後，轉往有腦神經外科的醫院，但是轉院沒多久便罹患肺炎，最後失去意識。我每天守在病床邊十八個小時，母親卻再也無法回應我的呼喚。除了打完點滴後通知護理師，並且把母親的病況寫在筆記本上之外，我無事可做。

每一天我總是不斷思索：「人類的幸福究竟是什麼？當人無法動彈、失去意識時，還能找到生命的意義嗎？」

母親病倒的那一年，我正好進入研究所就讀。才剛踏上學者之路的我，雖然認為自己和金錢無緣，榮譽心卻驅使我立志，有朝一日一定要站上大學的講台。可是看到母親病倒無法動彈、失去意識的模樣，我覺得這一切好像都失去了意義。

千辛萬苦考進了研究所，我卻為了照護母親而無法上課，結果母親對抗病魔失敗，四十九歲便過世了。我雖然在半年後復學，心境卻已經大幅改變，茫茫然的在人生軌道中失去了方向。

已故的母親年齡永遠停留在四十九歲，我終有一天會追上母親，和她同齡，又超越她，邁入母親從未體驗過的五十歲。對我而言，五十歲之後的人生宛若一片處女地，覺得自己將要孤單走進母親也不曾到過的地方。

我以為自己會活過母親的年齡，長命百歲，沒想到才過五十歲，我就因為心肌梗塞而病倒。當醫生在我面前看著心電圖，告訴我是心肌梗塞時，我認為自己會和母親一樣，年紀輕輕便撒手人寰。

當年照護母親時，從沒想過有一天我也會躺在加護病房無法動彈，我原以為自己那時已經想通了生命的意義，結果自己生病了才發現，一定有什麼事情是病倒的母親才知道，而那時的我根本無法領悟的。

對人類而言，

幸福究竟是什麼？

無法動彈、失去意識時，

還能找到生命的意義嗎？

母親不讓兒子看到臨終時的自己

母親中風住院時，我每天從半夜十二點便守在病床旁，等隔天傍晚六點父親下班後到醫院與我交班，我才在家屬休息室小睡到半夜十二點，然後接手，讓父親回家休息。

一開始母親還有意識時，我沒有在醫院待這麼久。母親有時候會提出不太合理的要求，我覺得自己為了照護母親甚至還休學，母親居然這樣對我，一度感到十分氣憤。現在想想，當時能為母親做那麼多事，真是太好了。

有一天，母親突然說想學德文。我念大學時，曾經教過母親德文，她希望我把那時的教科書拿來醫院。雖然我從字母開始重新教起，最後還是因為母親精神日益不濟而無法持續下去。

接著她又想起有一年夏天，我沉迷於杜斯妥也夫斯基的小說《卡拉馬助夫兄弟們》中，說之前想讀卻沒能開始，現在想讀讀看，於是接下來的每一天，我都在她枕邊朗誦《卡拉馬助夫兄弟們》。

最後母親終於失去意識，我不斷思索母親清醒時，我為什麼沒能再為她多做點什麼。面對失去意識的母親，除了清理排泄物之外，幾乎無事可做，為了不要落後研究所的同學，我把希臘文的課本帶進病房念。

然而每天守在病床旁十八小時，使我心力交瘁，我覺得自己應該撐不過一個星期，結果母親沒多久便過世，我又開始覺得要是當初沒那麼想，母親是不是可以

活久一點？當然我的想法與母親的死一點關係也沒有，我卻因而深深自責。

那一天，母親的朋友來醫院幫忙，對我說：「你辛苦了，今天讓我來，你去家屬休息室休息吧！」我接受了對方的好意，沒想到就在我假寐時，母親的病情卻急轉直下。

我接到要求我立刻到加護病房的電話，慌慌張張衝出休息室時，擔任母親主治醫生的院長對我大喊一聲：「不要慌！」總是沉著冷靜的主治醫師曾經告訴過我，母親不可能復原了，儘管我已做好心理準備，但事情真正發生時，還是無法冷靜以對。

我衝進病房時，母親已經嚥下最後一口氣。我以為自己掛掉電話便馬上趕到了，事後回想起來，發現情況好像不是我想像的那樣，因為當我進到病房時，母親身上的好幾根管子和點滴都已經拔除，身體也擦乾淨了。

我悔恨莫及，明明每天待在母親身邊那麼久，竟然沒能見到她最後一面。而且我不敢讓父親與妹妹知道這件事，當他們問起我母親臨終的模樣，「母親沒受什麼苦，走得很安詳」的謊言，竟然脫口而出。

那時的我認為，如果說實話，父親一定會訓斥我：「每天在醫院待那麼久，為什麼臨終時居然不在？你究竟在做什麼？」如果是我，一定不會責備長期照護母親的兒子，畢竟長達三個月的時間，兒子每天都和母親在一起，只是過世時剛好不在身邊，我會好好慰問兒子的辛勞，而不是責備他。雖然現在的我覺得說出真相，父親和妹妹也不會責備我，但是當時我並不信任他們，就是認定自己說實話一定會受到責怪。

多年後父親過世時，我見到了他的最後一面。雖然父親走得很平靜，但嚥下最後一口氣時，場面還是很緊張，那時我突然覺得，也許母親是不願意讓我看到她臨終的模樣。

每天待在母親身邊那麼久，

我竟沒見到她最後一面。

鼓起勇氣，承認做不到

明明一直守在病榻旁，卻沒能見到母親的最後一面，最後只能伴著母親的遺體回家。如同之前所述，當時的我，憔悴到父親以為我會追隨母親而去。

倘若我對父親說：「不好意思，我累到想住院休養。」或就算不住院，只要求：「我不想參加母親的喪禮，請讓我一個人靜一靜。」相信父親也一定能體諒我。

但是我當年卻認定，即使痛失慈母也應該堅強，不可以在人前哭泣，因此我

　　　　　　　　第一章　父母教會我的「人生意義」

明明累到誰也不想見，還是出席了喪禮，也沒有掉下半滴淚。儘管我沒見到母親的最後一面，卻認為向親戚朋友清楚說明母親的病情變化，是自己的責任。由於知道母親住院的人並不多，許多人在喪禮中吃驚哭泣，我卻不能哭。明明因為母親過世而悲痛萬分，我卻認為不可以在人前流露悲傷，當時在意的都是別人的眼光。

十年之後，我做了一個夢。我在夢裡醒來，發現家中一片昏暗，分不清是黎明還是傍晚。接著附近的房間傳出聲音，是父親在說話。此時，我意識到這一天正是母親的喪禮。

我走過好幾個房間，來到父親身邊。父親對我說：「你醒啦？」原來母親的喪禮已經結束，而我在這個夢裡並未參加。「你媽媽差不多要火化完了，你可以幫我去拿媽媽的骨灰嗎？」我想拿骨灰我還做得到，於是對父親說：「我去。」

對我來說，這個夢的意義十分重大。夢中的我不同於現實，坦承對父親說：

「我不參加喪禮。」現實生活中，我以為這樣說會遭到父親嚴厲斥責而不敢開口，夢中的我總算勇敢說出口了。

我竟然花了十年，才對父親說出自己的心情。

前一般交談。

做了這個夢之後，我就不再像過去一樣，那麼常夢到母親了。經常夢見已過世的人，表示自己認為和對方之間還有未竟的課題。夢中的母親就像希臘陶壺上畫的死者一樣，仰望著虛空，一看就知道已經不在人世。我從未在夢中與母親像生

和母親相對無語的夢境，反映著當初我守在病床邊的日子。夢境是為了安慰我，母親雖然還躺在病床上，其實已經不屬於這個人世，我再也無法為她多做什麼了。

不論是夢見父親還是母親，都代表我已經獨立。畏懼父親的臉色而說不出真話，並不是因為不想讓父親難過，而是害怕長期陪在母親身邊，卻沒能見到她最後一面的事，遭到父親責備。

不再夢見母親，表示有些事情我能為母親做到，有些事情做不到，而我終於鼓起勇氣承認我做不到，也開始接受人生就是會遭遇很多沒有道理的事，例如母親竟然在比現在的我年輕得多時，便因病辭世。

夢見過世的人，

代表自己認為和對方之間

還有未竟的課題。

　　　　　　　　第一章　父母教會我的「人生意義」

最好的孝順就是不孝

照護父親時，有一天父親突然對我說：「在你結婚之前，我還不能走。」

父親說出這句話時，其實我早就結婚了。妻子週末也會來照顧父親，我很驚訝，心想父親究竟以為妻子是誰。

對於父親而言，我還是一個未婚的研究生。以往在家中，總是由母親負責緩和我與父親之間的氣氛；母親過世之後，我和父親之間的關係變得更加緊繃，我無法和父親自在對話，光是待在同一個空間，便令我緊張不已。

在這種情況下，我思索著有什麼方法可以避免與父親獨處，當時想到的就是結婚。當然那並不是我結婚的目的，但是母親的死、與父親之間緊張的關係，的確促使我下定決心結婚，加快我踏入婚姻的腳步。當妻子來到母親已經不在的家中，一家三口的氣氛果然和之前迥然不同。

父親生病之後，忘了大部份的事。我很驚訝他記得的不是他、我和妻子一家三口共度的時光，而是負責緩和氣氛的母親離開之後，我們父子獨處、氣氛緊張的日子。我光是回想都覺得十分痛苦，但或許那些日子，在父親心中留下了什麼美好的回憶也說不定。

父親對居家看護的護理師與照護員說我還沒結婚，但是他們都知道我已經結婚，也有孩子了。其中一位護理師對父親說：「不對，你兒子已經結婚了。」父親回答：「不，我沒參加過婚禮。」

　　　　　　　　　　　　第一章　父母教會我的「人生意義」

父親的回答斬釘截鐵，問的人可能還以為是自己記錯了。

面對說出「你還沒結婚，所以我不能死」的父親，我擔心如果告訴他我已經結婚了，說不定他立刻就放心的走了，所以總是敷衍父親的提問。

父母會在孩子需要自己時，感到自己存在的意義而打起精神。獨居時，父親經常打電話來，內容多半是身體哪裡不舒服，去了哪間醫院和接受哪些診斷。電話中的聲音微弱，持續沒完沒了的抱怨。

當然父親是真的身體不舒服才打電話來，所以聽到父親虛弱的說出「我可能不行了」，總令我擔心得不知該如何是好。大概是因為聽到「可能不行了」這種話，就覺得父親的死期好像近在眼前了。

我去首爾演講時，很驚訝居然有年輕人問我要如何孝順父母，在日本從來沒人

問過我這個問題，我的回答是**最好的孝順就是不孝**。

我在二〇〇六年因為心肌梗塞而病倒時，父親突然像是年輕了十歲一樣，精力充沛。之前連聲音都無精打采，我病倒後卻變得神采奕奕。我想父親應該是覺得兒子病倒了，自己得打起精神才行。

父親長年罹患心絞痛，冠狀動脈放了好幾根支架，每半年必須去醫院接受造影檢查。有一次檢查時，父親突然身體不舒服，我接到醫院的通知，一大早趕去，看到父親血壓急速下降，我還以為他會就此離開人世，幸好後來平安脫離險境。

可是檢查完成後，父親一直維持在亢奮的狀態，不斷和我說話。

結果那天我陪伴父親十幾個小時，兩人聊了許多。手術應該不輕鬆，父親卻沒有任何抱怨，反而擔心起我的身體狀況。大概是當時我在醫院工作，和父親見面時提過自己工作繁忙，必須從早工作到晚。

換成是我，到了生死關頭，還能像父親一樣擔心別人的處境嗎？

當我在演講中提到這段往事時，翻譯哽咽得說不出話來。我看了一下，發現很多聽眾的眼眶也都泛著淚光，眾人出乎意料的反應令我困惑，不過應該是大家都了解了，這樣才算是真正的孝順吧！

父母發現子女還需要自己時，

會莫名地湧現活力。

親口告訴父母，活著就有價值

當父母需要照護時，子女多少會意識到自己也上了年紀，所以了解父母如何接受年老，並不是那麼困難的事。

人生只能前進，無法後退，身體狀況也是一樣。我們無法恢復青春，也不能逃離老化，隨著年齡增長，牙齒鬆動，容貌衰老，身體開始出現以前沒有的毛病，忘記人名的次數也越來越頻繁。儘管心裡一直覺得自己很年輕，也必須面對青春不再的現實。

認為年輕才有價值的人，會想盡辦法避免衰老，但是這是不可能實現的願望。

人不可能凍齡不老。

然而，如果做個調查，我想應該沒什麼人願意放棄現在，回到十八歲吧？因為如果不能帶著現在的知識與經驗一起回到過去，就必須從頭學習許多事物，還得重複厭煩的人際關係。

如同人生不能後退，身體的退化也不可逆，沒有人可以擺脫老化。人的年齡**不斷增長，並不單單代表從青春高峰走下坡，我們應該能從年齡增長中找到值得肯定的意義。**

如果無法以肯定的態度面對自己的衰老，等到父母無法自理而需要照護時，也會很難接受父母需要照護的現實。

我認為用生產力判定人生價值，是錯誤的想法。認為只有生產力才有價值的人，等到年邁什麼也無法做的時候，就會因為悲傷而決心逃避現實，這正是失智的心理因素背景。

協助罹患失智症的父母時，子女必須先接受他們什麼也不會做了，不再以生產力高低的角度看待他們。我們評斷人的價值時，不應該以做得到什麼為標準，而是著重對方的「存在」。

曾經因為生病而無法動彈的人，應該可以了解，無法動彈又需要人照顧時，相信自己還有生存的價值，需要極大的勇氣。雖然自己處於需要照護的情況下，可能很難認同，然而**人生的價值就在於任何時候都能感受到生命的喜悅，而非終有一天能恢復到年輕的狀態，再次像以前一樣工作。**

認清總有一天能力會逐漸下降，便能調整工作的內容與份量。當然，現在的確

有許多銀髮族不退休，但是每個人的狀況不盡相同，不可一概而論。

有些人雖然不見得認同生產才有價值，但一旦離開工作崗位，還是覺得自己頓失價值，生活很不如意。尤其是一直隸屬於組織的人，離開組織將會是人生的一大危機。

例如一輩子被人尊稱為「老師」的人，離開學校、不再是老師時，心理往往會受到打擊。老師這個角色，是擔任學校教職時所戴的面具，辭去工作，卸下面具，接受自己不再是老師的事實，並非易事。其實不僅是老師，人老了之後，都很難相信自己還有價值。

所以，老人會開始藉由抱怨，逼迫周遭的人肯定自己，有些人則會開始溺愛孫子孫女。祖父母對於孫子孫女的責任，不如親子關係沉重，但是祖父母溺愛孫子孫女，往往會造成父母教養時的困擾，有時甚至會因此發生爭執。

父母製造麻煩是為了吸引子女注意，並確保自己在家中的地位，所以只要父母相信自己有價值，便不會如此了。

為了讓父母覺得自己有價值，請特別留意父母對家人的貢獻。對父母的付出說「謝謝」或是「你幫了我好多忙」當然好，但是等到父母無法自由行動，愈來愈健忘時，也一定要告訴父母，他們光是活著，便是對家庭有貢獻了。如此一來，父母不用做出令子女困擾的行為，也會覺得自己活得有價值。

年歲增長，

並非只是青春的消逝。

我們應該要從中

找到值得肯定的意義。

父親過世之後依舊對我訴說

父親在八十四歲那年過世。

那天我接到醫院通知，深夜趕到醫院時，看到父親已經開始瀕死呼吸，心中便有數了。據護理師表示，我和妻子趕到之後，父親有稍稍回穩了一會兒。我之前已經告訴主治醫生，要放棄心臟按摩等急救措施，所以父親臨終時，連護理師也離開病房，留下我和妻子默默陪伴父親。

呼吸停止之前，父親流下了眼淚，我上前低聲呼喚他，螢幕顯示心跳和呼吸的

波長都出現了變化。雖然這些現象在科學上一定有什麼合理的解釋，但我寧可相信是父親還有話想對我說。

就像古希臘詩人的描述，父親呼吸停止之後，就像陷入神聖的睡眠。等到天色終於大白，我拉開窗簾，發現眼前是一片雪景，蒼鷺靜靜從病房旁邊飛過。

當身體受到外力影響，例如雙手被綑綁時，就無法隨心所欲的活動；一旦大腦出現了問題，也可能無法控制身體的動作，但是大腦無法支配心靈。當我（也就是心靈）決定了運作的目標，便會驅使大腦讓身體活動起來，大腦只是心靈的工具，而非心靈的源頭。

大腦雖然是心靈最重要的工具，但畢竟只是工具。無論大腦產生什麼問題、言行因而受到什麼影響，大腦主人的人格（心靈）都不會有任何改變。

當然，大腦出現問題或是死亡，導致大腦停止活動時，就無法像以前一樣發出聲音，也無法自由活動，所以家屬再也無法聽見親人的聲音，看見他們的面容、擁抱他們的身軀。

我演講時，常常用麥克風故障來譬喻大腦病變。父親的大腦有問題，就像麥克風故障，所以我的聲音傳不過去；偶爾父親恢復意識時，就像接觸不良的麥克風突然接上線；等到父親離開人世，便是麥克風壞掉，再也修不好了。

但是我是人，不是麥克風。儘管父親聽不見我的聲音，儘管傳遞聲音的麥克風故障了，我還是要繼續說下去。同樣的，死去的人雖然發不出聲音，也還是可以不斷訴說。我們想起許久未見或住在遠方的親友時，可以透過回憶過往的對話，感受到對方的存在。所以死者活在我們心中不只是個譬喻，每當我們想起死者時，他就會近在身邊。

我還能遇到活著的人，無法再見到過世的人；還活著的作家能出新書，已經過世的作家不會再出新書。但是只要閱讀作者留下來的作品，就可以發現過世的作者並沒有消失，他還活在作品裡。那天我待在已經停止呼吸的父親身邊時，腦中不斷想著這些事。

靈車來得很晚，父親離開醫院時，正是護理師早班交接的時間。儘管大家十分忙碌，還是有許多護理師來為父親送行。父親離開我們雖然令人悲傷，但是想起所有照顧過父親的人士，我的胸口不禁熱了起來。無論死亡究竟是怎麼一回事，畢竟是分別，我一時之間，陷入深深的失落感。

不過，如果我沒有打起精神，回到原本的生活，父親一定會責備我的。

　　　　　　　　　第一章　父母教會我的「人生意義」

每 當 想 起 過 世 的 人 時 ,

對 方 就 會 近 在 身 邊 。

儘管死亡逼近眼前，依舊想活得像自己

我因為心肌梗塞而住院時，雖然有幸撿回一條命，卻也在加護病房躺了好幾天。當時我連翻身都需要護理師協助，別說是看書了，就連聽音樂也不行，度日如年，時光彷彿凍結。

等到終於可以坐起來時，我請家人拿來電腦，搜尋疾病的相關資訊，並將住院的情況上傳到部落格。又想到我剛住院時，不知道我病倒的編輯寄來的校對稿，於是慢慢開始訂正和補充。

有一天，來巡房的醫生診視完要走出病房時，注意到我正在校對的稿子，便坐在病床邊的沙發讀了起來，還問我：「這本書在寫什麼？」我告訴醫生：「內容是說人總有一天會死，死之前該如何生活。」

醫生只笑著對我說：「不要給自己太大壓力。」便走出病房了。校稿非常耗費精神，我的病情最不耐壓力，醫生其實應該更強硬的阻止我才對。

可是就算我因為校稿而飽受壓力，甚至可能因此縮短壽命，我還是一邊祈禱這本書不會成為遺作，一邊努力讓這本書順利出版。

後來，醫生每次來巡房時，與我越談越深。他不僅說明病情，也會拿起我帶進病房的書籍，跟我討論文學與哲學。

有一天，這位醫生對我說：「請多寫幾本書吧！書才會流傳後世。」

這句話可以解釋成我的肉體會消失，但是書可以永遠流傳。原本醫師不應該對病患說這種話，但是這位醫生明白我最重視的是什麼。

我認為協助患者度過人生最後的日子，也是醫師和護理人員重要的工作之一，如果醫護人員不了解病患住院之前過的是哪一種人生，便無法提供協助。

對於患者與家屬而言，並不希望醫護人員認為患者只是病人。我在醫院照護父親時，曾經拿出父親年輕時的照片給護理師看，因為我希望無論父親現在是什麼樣的狀況，護理師都能明白眼前的父親也曾經走過漫長的人生。

作家井上靖在病房鋪上地毯，把矮桌搬進病房寫小說。看到強忍病痛，也要繼續寫小說的病人，相信沒有醫護人員會要求他一定要遵守醫院的規則吧！

英文的 life 並非單指「生命」，也包含「生活」，甚至是「人生」之意。醫護

人員的工作並非延長患者壽命，有些人甚至會拒絕延長壽命。然而，**就算死亡來到眼前，我還是希望能夠活得像自己。**

最後，我很幸運的恢復了健康，想起醫師和護理師等醫護人員，不單純認為我是需要接受治療的患者，而是以對待「人」的方式對待我，就覺得很感激。

剛住院時，每到入睡前我總是擔心自己可能一睡不起。後來我終於可以安心地度過每一天，不再恐懼這一覺可能是人生最後一覺。誰知日後妻子反而取笑我，說我在醫院每一天看起來都很高興。

不想被當作一介患者。

因為患者住院之前

也有自己的人生。

第一章 父母教會我的「人生意義」

接受現實的勇氣

鼓起勇氣，接受父母最真實的模樣

有些人和我罹患失智症的父親對話時，會覺得他說話有條有理，根本不會發現有哪裡不對勁。但是在條理分明的對話中，父親又會洩露出兒子還沒結婚之類的小錯誤，照護員聽了還特別來跟我確認。

父親說的話就像夢境一樣，並非永遠荒唐無稽，有時候還頗有道理。但是無論多麼符合邏輯，夢境就是夢境，不會變成現實，張開眼睛，一切便結束了。

有時候，是夢中的邏輯出現了破綻，無須張開眼睛，就會開始懷疑眼前的景象

只是一場夢。夢境雖然某種程度符合邏輯，畢竟只是空中樓閣，父親的邏輯就像處於夢中的人。

認識我的人會對父親說：「不是吧？令公子已經結婚了。」「不，他沒邀請我參加婚禮過。」父親的口氣充滿自信，問的人可能還以為是自己記錯了。

就算說的話不是事實，只要父親不會因此身陷危險，我認為不需要特別糾正他。但是如果父親突然說想出門，我就一定得勸阻，因為父親已經無法自行走路了。

父親經常忘記是否已經用餐，這種時候不需要斥責他「剛剛不是吃過了」，只需淡淡地說「剛剛吃過了喔」就好。我如是回答，父親通常不會再要求些什麼。

有一天，父親吃過早餐後睡著，十點醒來時很嚴肅的對我說：「我今天要回

家。」那陣子父親因為身體不適住院兩個月，才剛出院回家沒多久，突然這樣說，嚇了我一跳。我先勸父親在沙發上坐下來，問他怎麼回事。

聽完父親的說法，我才明白他以為這裡只是暫時的住處，他必須回到「那裡」。我告訴父親，這裡不是暫時的住處，「爸爸不用回去別的地方了。」「所以這裡是我家嗎？」「對，我們已經賣掉之前的房子，去年搬回這裡。這裡是爸爸結婚之後一直住的家喔！」

雖然父親連和母親一起住在這裡的往事也忘了，我還是向父親說明這裡不是暫時的住處，不需要再回去哪裡，而且，父親已經沒有其他可以回去的家了。

「所以我不需要搬去其他地方了嗎？我一直以為我不久就得回家。你看那邊那棵樹，之前曾叫你幫忙修剪呢！那時候我還想，春天到了又會長出來，我明明馬上就要回家了，為什麼要做那種事呢？」

父親退休之後，到關係企業工作，長期一個人住在橫濱。我不清楚父親說今天要回家的「家」是指橫濱的家？還是離開關係企業和橫濱後，自己一個人住的家？但是聽完我冷靜的說明之後，父親終於明白這裡是永遠的家。

重點是讓父親知道可以安心住在這裡。自從明白這一點之後，父親看起來不再那麼慌張了。

重要的是讓父親明白

「住在這裡沒關係」、

「這裡就是自己家」。

父親心中對於戰爭的憤怒，不會消失

父親生於一九二八年，受到年齡相差甚多的兄長影響，還沒等到徵兵，就自願成為海軍飛行預科練習生。當時他在奈良接受訓練，幸好戰爭在實機練習之前便結束了，如果再拖久一點，說不定父親便會以特攻隊隊員的身份戰死沙場。

訓練時，父親曾經遭受P-51野馬式戰鬥機的機關槍近距離掃射。父親多次指著住家旁邊的道路，描述這段恐怖的回憶：「距離大概是從這邊到那邊，其實可能沒那麼近，但那時候我深深感受到死亡的可怕。」

我問父親為何不等徵兵就志願入伍，父親說：「我不是為了國家，只是覺得既然到了二十歲都得去打仗，還不如早點去比較好。至少可以在同齡的人入伍之前，往上爬一點。我當時很天真，單純覺得當兵是件光榮的事，沒想過可能會死。」

聽到父親說他當時很憧憬能穿上軍人制服，我不禁覺得，不告訴年輕人戰爭究竟是怎麼一回事，是成人的失職，像父親就沒考慮過自己可能會因為戰爭而喪命。

戰爭結束之後，父親回到京都。「我約莫八月二十五日回到家中，結果你爺爺因為營養不良，在前一天過世；家人正在準備喪禮；你奶奶因為肺浸潤，前一年的十二月就走了。」

父親受訓的地點奈良離京都並不遠，實在難以想像為何連爺爺奶奶過世，家人

也沒有聯絡父親；父親並不是去很遠的地方當兵，戰爭結束了好幾天才回到家，也很奇怪。

但是，重要的不是事實，而是父親心中認定的「真實」。父親向我提過好幾次機關槍掃射的往事，他描述這段經歷時一定覺得這世界很可怕吧！但明明還有許多可以佐證世界很可怕的回憶，父親卻單單挑選了這段來說。

此外，父親會反覆提到爺爺奶奶過世，也許是想到自己的死亡，又或許是責怪其他家人竟然沒有通知他這麼重要的事。我猜測親戚們是擔心父親知道之後，會喪失戰鬥意志，因而刻意不告訴他的。

父親多次提到自己的戰爭經驗，對於不懂戰爭的年輕政治家好勇鬥狠的言論感到非常憤慨。無論是什麼時代，政治家總是躲在後方的安全地帶，以保護國家為名，送國民上戰場。如果那些看似無所畏懼的政治家，像父親一樣經歷過機關槍

近距離掃射，說不定會腿軟到站不起來了。

父親是在失智之後，我在家中照護他時，才提起曾經被機關槍掃射的往事。他的記憶十分鮮明，描述的當下彷彿正被機關槍掃射。父親明明已經記不得剛剛發生的事情，連前一秒吃過飯都會忘記，卻無法忘懷如此恐怖的往事，想到這點便令我十分難過，但唯一能做的事，卻只是聆聽。

如果那些看似無所畏懼的

政治家，也經歷過機關槍

近距離掃射，說不定會腿軟

到站不起來了。

面對接受現實的痛苦

父親生病後，意識朦朧，就好像活在雲裡霧中，而且不知道大霧之外還有另一個世界。不過彷彿活在夢境當中的他，狀況好時也會突然回到現實世界，只是一旦清醒過來，父親會變得很不安。

父親醒來通常有原因，像是身體狀況不錯、天氣晴朗等等。此時父親會說：「我要去剪個頭髮。」其實父親不但不知道該去哪裡剪頭髮，手上也沒有錢，還得要我提醒他，他才會意識到這些問題。金錢基本上是由我管理，父親無法自由運用。

因此，什麼都不知道似乎還比較幸福。平常父親很少想到自己究竟如何過活，但每次短暫清醒，發現已經無法自理生活時，還是會覺得很痛苦。

然而**人生本來就是痛苦的，活著就會感到痛苦**。恢復神志，不只會令患者本人痛苦，負責照護的家人也很困擾，但是我認為這就是恢復清明的代價。

有一天我去父親家時，他拿出夜裡寫的筆記，要我看看。筆記本整整一頁寫滿父親的不安。剛開始看護時，父親有時會在筆記本上簡短記錄幾點用餐等等，但是不知從何時開始，他連記錄也不寫了。

由於父親的字體不是很容易辨識，有時候還上文不接下語，所以我看到父親寫出那麼長的文章，感到非常驚訝，我原本以為父親已經無法書寫了。

父親似乎總是生活在霧裡，但寫文章時的清醒，就彷彿大霧從他的世界中散去

了。忘記過往和偶爾窺見的外界，讓父親十分不安，文章裡記載了他肚子餓卻只有一點點錢，不夠吃飯；很想打電話給朋友卻找不到手機，覺得很可惜等等。

當時父親已經無法使用手機，但有時還是會想起來，晚上如果發生事情的話，「我要是找不到你會很不方便。」結果正如父親擔心的一樣，真的在半夜發生了骨折的意外。

父親時不時會浮現「如果發生意外」的不安，然而這種不安只會在大霧散去的清明瞬間出現，因此我很難將它趕出父親的意識。

患病的雙親不明白自己出門可能發生意外，負責照護的子女還可以想辦法避免雙親外出。然而雙親是因為看到霧另一邊的世界而痛苦時，負責照護的子女儘管也會跟著痛苦，**問題還是必須留待雙親自己解決。**

靜，所以我下定決心認真傾聽父親說話。**子女的耐心聆聽，可以使父母冷**

但是後來我發現，大霧散去時，父親不一定每次都非常痛苦。有一天父親吃過晚飯在發呆，突然問我：「現在在下雨嗎？」我回答「沒有」，父親居然對我說：「趁沒下雨時回去吧！路上小心，我也要睡了。」

我每天大概早上七點半去父親住的老家，準備三餐和協助他上廁所。傍晚父親睡了，我便回到走路約莫十五分鐘路程的自家。父親通常用過晚餐後馬上就寢，而我會等他睡了，收拾好餐具才回家。

父親常常搞不清楚自己在哪裡和為什麼在這裡，之前還曾因為我整天都在家中陪他，而以為我們一直住在一起。但是父親會說出「趁沒下雨時回去吧」，表示他當時確實了解自己身處何地和為何在此。

失智症患者的清醒，並不是想起過往的記憶，而是了解自己身處何處和與他人之間的關係。

失智患者的清醒，

是了解自己身處何處和

與他人之間的關係。

　　　　　　　　　第二章　接受現實的勇氣

如果無法想起過去，從頭再來就好

有時候從沉睡中醒來，一時之間會不知道自己究竟還在夢裡，或是已經清醒，不過一般人通常都能馬上回到現實，不會把夢境帶到真實生活中。

然而，父親醒來之後，卻會把夢境帶到現實世界。我想每個人都有帶著夢境中的情緒醒來的經驗，例如明明得出門卻不想出門時，為了堅定不要出門的決心，會導致人作噩夢。此時重要的是情緒，而不是夢境的內容，因為人人都會做夢，卻不見得會記得是什麼夢。

但是父親帶回現實世界的，不僅是夢中的情緒。有一天，父親對我說：「我好像做了一個夢，但又不確定究竟是現實還是夢。我覺得我的腦袋真的出問題了。」

一般人不可能無法分辨現實和夢境。旅行外宿時醒來，就算一時之間不知身在何處，至少馬上就能發現自己不是在家裡。父親說他不知道究竟是現實還是夢，半夜在醫院醒來，也不知自己身在何處，結果走出病房，就在醫院裡迷路了。

我問父親做了什麼樣的夢，父親告訴我：「我想是在京都，我明明知道再過兩條巷子左轉就是我家，認識的電器行老闆娘卻特地走出來說我看起來很奇怪，要開車送我回家……我回到這個家，發現夢裡經常出現的人也在家裡，卻不知道對方是誰。我瞄了一下對方的側面，他卻對我說：『這裡不是你家，出去！』」

鄰居覺得父親很奇怪而送父親回家，其實是現實生活中發生的事，那一陣子父

99   第二章　接受現實的勇氣

親常常出了門就不知道怎麼回家。

父親忘了許多過去的事，我不知道想起那些過去，對父親究竟是幸還是不幸。

有一天，父親對我說：「（夢裡）有人問我：『那是你太太嗎？』」我看了一下那個人的臉，不知道她是誰。」

父親夢裡究竟是和誰在一起呢？他連一起過了四分之一個世紀的妻子也忘了。父親對於自己不記得妻子，的確曾經說過感到「萬般寂寞」。說出這句話時，父親應該明白自己忘了妻子是誰，然而儘管很寂寞，父親並未特別表達希望能想起母親，反而說：「忘了也沒辦法。」甚至還說：「就把過去的一切全部忘掉，從頭再來就好。」

這不是放棄，也不是毫無意義的忘卻。我在父親現在住的家中出生與長大，但是父親連這件事情也忘記了。一般人聽到別人說起以前的事，大概就像在聽前

世的記憶吧！就算知道自己前世是誰，也不會覺得和自己有什麼關係，更無法證明自己的前世就是對方。但如果是現在的人生，就算幾乎忘記一切，也還有證人；或就算自己記不住，也會想要了解。

但是父親不一樣。對父親而言，聽到以前和母親一起在這個家生活的往事，就像在讀歷史課本。課本裡記載的事件、年代和說明，與自己並無關係，如果沒有發揮充分的想像力，根本不會產生任何感慨。父親的心情正是如此。

說到證人，還可以用一件事來說明。小時候，有一次我到父親出生成長的老家玩，在室內被蜜蜂螫咬了。這件事情原本就只有我和父親知道，而現在父親已經忘了，連帶我也無法證明真有此事。父親失去了過去，而我失去了證人，我們之間有一部份的過往也因而消失。父母失去記憶，並非單純只是父母的問題，子女會覺得和父母一同走過的歷史和記憶中的自己，也隨之消失。

有一天，父親看了母親的照片，說他想起了母親。當時我並不在場，不知道父親的想起來，是想起了什麼呢？母親的臉嗎？還是和母親一同生活的日子呢？……我覺得父親想起的，應該不是對母親的感情。

促使對方想起過往並無意義。正如父親所言，從頭再來就好。

看到一點一滴忘記一切的父親，我思考著，如果有一天妻子忘記我是誰時，該如何是好。就算我拿照片給妻子看，告訴她「你是我的妻子喔」，對方的愛也不會恢復。

既然如此，再從頭開始戀愛就好。決定每天都要更新關係，表示覺悟到**每天都是新的開始，而不是昨天的延續**。當然，未來的事沒有人知道，搞不好是我先先失智也不一定。

如果妻子忘了我，

再從頭戀愛一次就好。

　　　　　　　　第二章　接受現實的勇氣

承認「活在當下」的父親，
不強求過去或未來

剛開始照護父親時，我會因為父親居然才到傍晚，便忘了早上曾出門散步而吃驚。最後父親連剛剛說過的話和做過的事都忘得一乾二淨。當護理師和照護員結束工作要回家，我送他們到玄關，再回到父親身邊時，父親已經連護理師和照護員來過都忘了。

雖然我最後終於習慣了父親馬上忘記所有事情的症狀，但是相信不只是我，所有為人子女者都曾經因而困惑。無論如何無微不至的照護父親，父親也馬上就忘記了，不禁覺得一切都是徒勞無功。

如果開口之前，便知道對方只會回答「忘記了」或「不知道」，就不需要刻意詢問；知道對方會馬上忘記自己吃過飯，就不要問他「記不記得吃過飯」。開口詢問時，內心當然有一絲對方可能記得的期待，但是，試探父母並不會改善彼此之間的關係。

有一次我請太太先去照顧父親。當我抵達父親家時，他已經吃過晚飯了。雖然我知道他已經用過晚餐，根本不需要再次確認，但還是問了他一次。結果父親回答我：「如果我說不記得了，你會再給我吃一頓嗎？」說完之後，父親放聲大笑，我覺得自己被將了一軍。

父親生活在現在與多重過去自由連結的環境中，他的腦子裡沒有過去式，只有現在式。當我領悟到這件事時，就覺得自己比較能理解他的言行了。

有一天，父親和護理師聊到抽菸和喝酒。父親說：「我現在不太喝酒，偶爾會

為了應酬而喝一點。」但「現在」的父親並沒有需要「應酬」的場合。那時，我發現父親是站在過去的時間軸生活，所以把過去當作「現在」。

只要是現在想起來的事，就可以說是「現在」，因此父親並沒有說錯。儘管父親可以把想起來的「過去」當作實際的「現在」，但按照順序排列發生過的事情，卻不見得每一次都能排得對。

又有一次，父親對護理師說：「像現在這樣坐著不動，呼吸是很順暢，但是我會心絞痛，這是治不好的病，沒有辦法解決。只要我一活動，例如去（一樓的）廁所，再爬樓梯上來時，就會呼吸困難。」

一樓的確有廁所。但是說出這番話的當下，父親已經因為危險而不再上下樓梯了，因此我明白父親說的不是現在，而是以前上下樓梯的往事。父親會說自己去樓下上廁所，表示他無法區別現在與過去。

我還聽過父親對護理師說：「我最近都沒大便。」其實那時候已經用灌腸來控制父親的排便，也為了灌腸而請來護理師協助。雖然父親活在只有現在式的世界，但並不需要刻意糾正他。

儘管父母說的並非事實，只要不會造成傷害，就不是什麼大問題。**子女無須全面承認雙親說的話，但是可以試著接受，因為那代表了「雙親心中的事實」**。

就算對方無法區分

過去與現在，

也無須刻意糾正。

就算忘了過去，重新建立關係就好

親子之間的關係如果一直很好，子女必須照護父母時會比較順利。然而，能常保親子關係良好的人並不多，與父母累積了許多不愉快的子女，對雙親的感情往往十分複雜，當父母需要照護時，子女是被迫重新面對雙親的。

更糟的是，父母可能已忘了過往的一切，但這並不代表恩怨都煙消雲散了。**糾結往事的子女，面對忘了一切的父母，恐怕更多的是絕望的感覺。**

前面曾提到，有一次父親突然說出「忘了也沒辦法」這句話，他在說出「就把

過去的一切全部忘掉，從頭再來就好」的當下，好像恢復到我童年時代認識的父親了。

平時父親彷彿總是處於五里霧中，幸而大霧有時也會散去，讓他短暫回到生病之前的清明。然而，我卻無法判斷，這對父親究竟是幸還是不幸。

因為身在大霧中的父親，連自己忘了什麼都不知道；大霧散去時的父親，雖然想不起往事，但是知道自己忘了過去。父親以前經常說連忘了都不知道很可怕，神思短暫清明的父親，似乎回到了說這句話時恐懼遺忘的心情。

我明明擁有各式各樣與父親相關的記憶，但是當我們的關係惡化之後，我想起的都是足以證明我們感情不好的往事，最具代表性的就是小學時挨父親揍。然而現在，我已經不知道這件事是不是真的了，因為當時現場沒有目擊證人，父親又忘了過去，所以知道這件事的，只剩下我而已了。

就算不是像挨揍這樣嚴重的事件，和父母共同經歷的事情是真是假、如何證明，也是個微妙的問題。如果有很多證人，也許可以篤定的說事情就是如此；但如果只有兩個人知道，而其中一人又說沒有這回事，那可就無法證明事情真的發生過了。

說不定我根本不曾挨過父親揍，然而我會時不時想起那件事情，代表我潛意識中決定不要和父親和好。其實此刻當下和過去並無關連，我可以從現在開始與父親建立良好關係。這樣一來，我就不需要想起不愉快的往事了。

我直到父親宣布「就把過去的一切全部忘掉，從頭再來就好」，才不得不承認和父親的過去已經完全消失，只能重新出發。從那一刻起，回想過去，對我來說已經沒意義，儘管過去和父親關係惡劣，但父親的宣言，促使我下定決心，不再糾結於過去。

雖然我說要「建立良好關係」，但剛開始照護父母時，不需要設定這麼高的目標，**不妨先從「平穩過日子，不要發生大問題就好」開始**。如果一向疏於與父母溝通，一開口便會大吵，此時才想和雙親建立良好關係，當然不是件容易的事，但也絕非不可能。

先從做得到的事情，一點一滴著手，慢慢改善關係即可，例如先以「至少可以心平氣和的在同一空間共處」為目標。

承認和雙親的過往已經消失，

只能重新出發。

回想過去也沒意義。

第二章　接受現實的勇氣

尊敬，就是看著對方真實的模樣

「尊敬」的英文是respect，意指「看著對方真實的模樣」，源自拉丁文的「respicio」，意指「看」或是「檢視」。我們在日常生活中經常忘記要「檢視」，例如「這個人對我而言是無可取代的。」「我和你現在雖然一起生活，但總有一天分離的日子會來到。」「所以在此之前，我們要好好把握，融洽地度過每一天。」等等，都是檢視。

分離不一定是死別，子女長大獨立也是分離的一種，原本感情融洽的情侶，也有可能某天激烈爭吵後分手。

子女和伴侶無論有什麼狀況、是否生病、是否和我的理想不同，都是我所重視的人。我們不應該依照腦中的理想給對方打分數，而應該**看著對方真實的模樣，體認到對方是無可取代的人。**

尊敬雙親也是一樣。看著雙親真實的模樣，看著雙親獨一無二、無人可以取代的模樣；**不刻意加以美化，不帶著理想的有色眼鏡給雙親扣分。**

平順安穩的日子，總是讓人容易忘記家人、伴侶、子女和雙親，不會永遠陪伴在自己身邊，總要到有人突然罹病或是遭逢變故，才會發現和對方共度人生，並非理所當然的事。

之前提過，家母一向健康，某天突然感覺身體不適，醫生診斷是中風，便直接住院了。住院後恢復情況良好，也開始復健，然而一個月之後再度發作，病情急轉直下，因此轉進有腦神經外科的醫院。

住院一個月之後，有一天母親走到室外，瞇著眼睛凝望著天空，那時她一定很不安。母親曾問我，她之後會變得怎樣，我卻不知道該如何回答。

母親轉院後的第一個月，意識還很清楚，但我們之間發生了很情緒化的爭執。當時母親毫不考慮我方不方便，要我馬上買東西來；而我則為了母親居然如此任性，而氣憤不已。

結果不久之後，母親併發肺炎失去了意識，我們終於連對話都做不到了，我開始覺得就連吵架都彌足珍貴。為什麼母親有意識時，我不多跟她說說話呢？我應該更珍惜陪在她身邊的時間，而不是和她吵架啊！母親病倒之前，我根本沒想過我們會有這麼一天，我在母親的病榻前，不斷思索著，**自己是不是浪費了**

許多寶貴的時間？

為了將來不要後悔，在日常生活中，不斷想起和對方一起生活、感情融洽的時

光，便是所謂的「尊敬」。

父親有一天說：「不管怎麼想，我剩下的日子都不多了。」說出這句話的父親，比起想到人生苦短而焦躁的我，顯得更坦然。父親剩下的日子不多，代表我們父子能共度的日子也不多了。

明明這是件理所當然的事，卻讓我突然想像起父親離開後的日子。想起母親，讓我清楚意識到父親終有一天也會離開我，便更努力避免和父親爭吵了。

在日常生活中，

不斷想起和對方一起生活、

感情融洽的時光，

便是所謂的「尊敬」。

接受現實的雙親，而非理想中的雙親

父母在子女出生之後，才第一次見到子女，剛出生的孩子什麼也不會，隨著他們慢慢長大，只要子女學會一件事，父母便打從心底高興。

父母心中往往有一個理想的子女形象，但那純屬父母的想像，和實際的子女沒有關係。如果他們想將子女教養成他們腦中理想的樣子，雖然很困難，卻也不是不可能。

另一方面，子女心中也會有理想的父母形象，那是父母在老化到需要子女照護

之前，一直以來無所不能的形象。

作家北杜夫曾經如此描述自己的父親歌人齋藤茂吉：「兒時滿心懼怕的父親，突然成為大家尊敬的歌人，我一反過往，變得非常尊敬父親，高中時代還模仿父親作品，創作幼稚短歌。」（北杜夫，《青年茂吉》，岩波書店）

北杜夫並沒有忽略齋藤茂吉逐漸衰老的跡象。齋藤茂吉出門散步時會帶著筆記本，把短歌寫在筆記本裡。北杜夫會偷看父親的筆記，發現父親的創作力旺盛便安心；如果看到拙劣的短歌，便對父親的衰老失望。我想他失望的次數一定會逐漸多過安心。如果有人問我是否尊敬父親，我會覺得很彆扭，但是我很能理解北杜夫受到父親創作結果而忽喜忽悲的心情。

作家澤木耕太郎的父親是吟詠俳句的俳人，他把父親的俳句集結成冊。澤木耕太郎曾在著作中提到，不記得曾和父親激烈爭執，應該也不曾反抗過父親（澤木

木耕太郎，《無名》，幻冬社）。我也只有在父親強迫我信教時，曾經和父親發生過激烈的爭執，但令我驚訝的是，澤木耕太郎居然從小便覺得父親需要自己保護，我從來不曾覺得父親需要我保護。

我身邊也有許多一直尊敬與深愛父母的人。他們的雙親一旦衰老，開始失憶或是個性不變，恐怕距離留在子女心中理想的雙親樣貌，會非常巨大。

子女若無法重新設定理想的雙親模樣，或是接受現實生活中的父母，便無法建立良好的關係。不僅如此，父母還遺忘了過去。父母忘記的不見得都是美好的回憶，明明是父母造成的痛苦與不快，卻擅自忘記了，這會令子女更難以接受。然而現實生活中存在的，就只有忘記了過去的父母，子女也無可奈何。

我們照護雙親時，能做的事情之一，便是放下理想的雙親形象。否則，面對現實生活中的雙親時，只會扣分。父母年輕時愈是「偉大」，子女愈是難以接

受理想與現實的差距。然而看著眼前的雙親，下定決心接受無可取代的他，是可以做到的。

換個立場來看，別人眼中的自己，也很可能只是對方腦中的想像，和現實的自己有很大的差距。儘管對方一直誇獎自己，也不見得真能和對方相處得來。

如果子女總是以過往無所不能的印象，來看待現在的父母，他們必定會因為自己不斷被扣分而非常痛苦。如果子女可以接受眼前、當下的父母，他們在子女面前便無須裝模作樣，只需要做自己，心情一定會輕鬆很多吧！

拋棄以往什麼都做得到的

理想父母形象。

　　　　　　　　　第二章　接受現實的勇氣

注意父母最好的一面

我之前提過，無論一直以來和雙親的關係如何，我們只能和「當下、眼前」的父母相處。也許我接下來要說的，跟之前的主張有些矛盾，那就是我希望到家中協助居家照護的護理師們，也能了解我父親的過去。

哲學家鶴見俊輔是這麼描述面對生病前後的病人，用字遣詞從未改變的醫師：

「這表示醫師並未把病人降級。儘管對方生病了，腦海中依舊保留對方原來的記憶，這件事非常重要。」（《鶴見俊輔　永遠的新思想家》，河出書房新社）

我無法想像醫生在患者生病前後改變用字遣詞，但是我曾經因為聽到護理師誇獎父親而感到不快。如果父親還健康，護理師一定不可能對他說「真厲害」，就是因為覺得父親像小孩一樣什麼都不懂，才會這麼誇獎他。

但是我知道的父親，並不是什麼都不會。這當然是因為我和父親之間擁有漫長的共同記憶，而醫生和護理師則否，所以他們只知道現在的父親，但是我很希望他們和父親相處時，能了解父親生病之前的模樣。

現在護理師眼中的父親，很少睜開眼睛，說話也顛三倒四，但這不過是父親人生當中的一頁，我熱切希望護理師能夠認識父親以前的「歷史」。就像是照片往往只能拍下瞬間，無法留下影中人完整的模樣；但如果是影片，就算看到對方偶爾露出奇怪的表情，也能明白對方並非總是如此。

因此我把父親年輕時拍攝的照片，與晚年學油畫的作品拿給護理師看。雖然護

理師們看到年輕的父親都說「不像呢」，我不知道該如何反應才好，但還是希望他們能夠看到父親不同的一面。

父親後來住進照護機構時，我告訴工作人員父親以前畫過油畫，其中一位工作人員便熱心敦促父親重新拿起畫筆，結果父親畫出的作品非常棒。工作人員看了大吃一驚，於是開始讓父親跟以前一樣，看著照片用色鉛筆畫素描，而不是跟其他患者一樣畫著色畫。父親畫作的輪廓與顏色，都比在家畫時更進步，相形之下，在醫生面前為了失智症檢查而畫的拙劣畫作，簡直像是謊言。

人反而比健康的人更加貼近人生的真理。

我不覺得人生病了，就會像鶴見俊輔說的，「掉入最低的層級」；我認為，**病人反而比健康的人更加貼近人生的真理。**

我曾經把護理師說不像的那張照片，拿給父親看，那是父親年輕時與母親的合影。然而父親看到照片，反倒對旁邊的擴音機、唱片和火爐展露興趣，而沒有半

句話提到母親。父親完全不記得母親，固然令我惆悵不已，但我也了解，特意要父親回想起來也沒有意義。當時的父親的確不需要想起母親，我也不應該干涉父親忘記母親這件事。

我私心想著，要是父親能問一句「這是誰」該有多好？但是父親看著照片，只說了一句：「好懷念」。我盼望，父親不是懷念年輕時住過的房子，而是想起了結婚前和母親共度的時光。

生病並不表示

掉入最低的層級，

病人比健康的人

更加貼近人生的真理。

面對父母老去的勇氣

與年邁的雙親建立良好的關係

子女無法讓父母幸福

就算是一直很健康的雙親，也有一天會無法自理生活。我一直以為父親可以好好照顧自己，沒想到他連信用卡都忘了該怎麼用，還出了車禍，讓我很擔心，於是去探望長期獨居的父親。

那一天，父親從房間走出來時，表情十分苦惱，整個人瘦了一圈。前一陣子明明還很有精神，不知道什麼時候竟變得如此虛弱，我應該更早來看他才是。雖然我也懊惱過，要是我住在附近，或許就能及早發現父親生病了，但其實就算住在一起，也不見得會發現。而任何行動都是發現後才會開始，後悔做不到的事情，

一點意義也沒有。

照護父親讓我領悟到，子女不能帶給父母幸福。人生，無論什麼時候，都無法帶給他人幸福，也無法透過別人獲得幸福。

比如生養子女之後，父母總是希望自己能讓兒女幸福，這份期許並沒有錯，但事實上父母是無能為力的，兒女必須依靠自己的力量生存。孩子還小的時候，當然需要雙親的協助，但是他們往往在父母不知不覺間，便能自立了。

如果子女要求父母援助，父母所能做的也只是回應他們的需求，實際上能幫助兒女的並不多，畢竟雙親無法代替子女而活。

又比如年輕人結婚時，總會告訴對方「我要讓你幸福」，但婚姻中的幸福，要靠一起生活的兩個人，攜手同心、互相協助才能得到。我們無法單方面讓配偶幸

福，也無法等待配偶給我們幸福。宣稱要帶給對方幸福的人，到最後往往會抱怨，每星期都帶太太出去玩，太太居然還不滿意。

就連照護無力自理生活的雙親時，子女也無法帶給父母幸福。我的意思不是兒女無法為雙親做任何事，只是希望子女能清楚知道，自己能為父母做到什麼和做不到什麼。

就算假日應父母要求，帶他們到處去玩，父母也可能馬上就忘記，甚至抱怨子女都沒有帶自己出門。因此我認為，子女不需要思考「帶父母」去哪裡。

出門賞櫻，不是因為想讓父母看櫻花，而是自己想好好欣賞櫻花，所以邀父母同去，一起享受賞櫻的樂趣。若能做如是想，就算父母日後忘記這件事了，子女也不會感到難過。無論對方後來記不記得，此時此刻都能和父母共同快樂賞花了。

能配合父母的希望出門當然好，但子女不可能實現父母所有的心願，做不到的時候，當然可以拒絕，即使父母可能會因此不滿。

父親除了用餐時間之外，多半在睡覺，醒來時不是發呆，就是在清理毛衣上的毛球，在我看來，父親生活中沒有任何樂趣。我曾經希望父親不要只是睡覺，能過更有意義的生活，然而這不過是子女單方面的願望。

我既不能強逼父親實現我的願望，事實上看起來無所事事的父親，也不一定就是不幸。

　　　　　第三章　與年邁的雙親建立良好的關係

子女必須了解自己

能為父母做什麼、

不能為父母做什麼。

子女不要阻止父母想做的事

剛開始照護父親時，我沒意識到父親可能會做出危險的行為，直到有一天父親去院子摘柿子跌倒受傷，我才發現父親一不小心就可能會發生嚴重的意外，從此開始小心注意父親的行動。

但是如此一來，父親連原本做得到的事情也受到了限制。**如果是小孩，還能期盼今天做不到的事情，明天就能學會**。沒有小孩能不跌倒就學會走路，也沒有小孩能不受傷就學會騎腳踏車，只要不是太嚴重，父母通常不會因為子女有些皮肉傷就驚慌失措。我的意思不是說小孩受傷就沒關係，而是小孩可以從受傷中

學到教訓。

但是父母今天還會做的事情，可能到了明天就不會了。看著父母現在的模樣，實在無法樂觀的認為，現在做不到的事情，等一下就能學會。父母沒有力氣復健，變得什麼都不會，固然令子女困擾，但是他們隨便行動，導致跌倒、骨折，更會是問題，結果子女總是忍不住限制父母所有可能造成危險的行動。

有時候，父親會表示想出門走走。當時我已經知道父親一走路就氣喘吁吁，一下子就走不動了，因此總會阻止他，打消他難得想走路的念頭。其實父親只是想在家附近繞一繞而已，我若阻止，他便會要求我一起出門。但真的陪父親外出散步，他又走沒幾步就想回家了。父親說「夠了」時的表情很難看，讓我不禁想，早知道就不要答應陪他散步了。

其實，**讓雙方都能接受、很愉快的作法，就是當父親說想外出時，子女不**

要多說什麼，馬上同意他的要求。了解父親的身體狀況，知道他無法走遠而事先提醒他不要勉強，並不是雞婆，但只要當事人實際走走，也會立刻發現自己上氣不接下氣。所以父親勉強自己或是做出危險的行為時，當然應該阻止，卻不應該因為過度小心而打消父親走路的念頭。

父親貧血住院時，復健十分認真，中間有休息時間，稍微休息一下之後，又馬上要求再做一次的，總是父親。

「想做」，不一定等於「能做」，兩者之間的落差便形成了「自卑」。如果做不到的事情，恰好是想做的事情，當事人心裡的壓力會更加強烈。

想要消弭「想做」和「能做」之間的差距，根本不讓他產生「想做」的念頭，的確是一個方法，但是實際執行並沒有口頭上說的如此簡單。**因為人活在世上，不能只做會做的事**，做不到卻不放棄，努力練習到會做為止，可以讓人感

受到活著的喜悅。

想做什麼應該讓當事人自己決定，旁人不要以危險為理由，逼迫當事人放棄努力。無法輕鬆走路的父親想要外出散步，的確會給家人帶來麻煩，如有必要，是可以限制父親的行動，然而另一方面，**人一旦失去欲求，做不到的事情會變得越來越多**，到時候旁人再如何鼓勵，也很難讓當事人願意活動身體。

為了避免父母日益退化消沉，子女應該適時陪伴在父母身邊，防範他們遭遇危險，而不是從一開始便打消他們行動的念頭。

明 知 做 不 到 ,

還 是 努 力 嘗 試 去 做 的 過 程 ,

能 讓 人 感 受 到

活 著 的 喜 悅 。

　　　　　第三章　與年邁的雙親建立良好的關係

不要期待對方說「謝謝」

當我照護罹患失智症的父親時，父親會不期然的對我說「謝謝」，例如端上準備好的午餐時，父親會說謝謝；等到我收餐具時，父親也會說謝謝。雖然過不了多久，父親又會問我：「還沒要吃飯嗎？」讓我非常無奈，但就跟之前提到的一樣，只要說聲「剛剛吃過了」就好。

失智的父親說「謝謝」，就跟以前一樣很自然地脫口而出，我聽了很高興，現在想想，高興的原因可能不單是如此。父親生病之後，有一陣子不再道謝，好像變了一個人。看到父親從那時不會表達感激，轉變為可以平穩地道謝，或許我因

此覺得父親好像恢復到生病前的模樣，所以特別開心吧！

把父親帶回老家之前，我去探望獨居的父親，看到當時的父親緊閉心靈，一臉不悅，我覺得非常難過。那時的我，並不會因為父親沒有對我的付出道謝，便對父親生氣。後來父親再次學會對我說謝謝，我的確很高興，但是習以為常之後，也不會因對方沒道謝，而覺得奇怪，想說他今天怎麼什麼也沒說。

我之所以可以照護父親，是因為正好大病初癒，減少了工作量，如果像現在一樣忙碌的話，恐怕也做不到。父親由於種種原因，已經習慣長期獨居，那段期間我很少見到父親，沒想到他晚年時我可以長侍在側，我覺得自己很幸運。

我在大病之後的療養期間，因為身體的狀況無法到外地工作，例如演講等等，因此除了每週兩天去大學教課之外，我都在寫書。父親總是坐在我面前，工作進度比我一個人的時候好得多。

母親因為中風倒下時，醫院要求家屬要隨侍在側，當時也是由我擔起照護的任務，因為我是研究所學生，時間比較自由。我不明白是因為醫院無法完全照護，還是因為母親的病情已經嚴重到需要家屬隨時在醫院待命。我每天必須待在母親病床前十八個小時，根本無法上學，我擔心課業會大幅落後同學，因此把書帶去醫院念。

儘管很慶幸可以親自照護雙親，但難免會有情緒欠佳的時候。這種情緒通常會在父母將子女的付出視為理所當然，或是父母無法理解自己受到照護的時候爆發。

剛開始照護父親時，我在報紙上看到一則新聞報導，主角是一名已經五十多歲的男子，為了照護母親辭去了工作，沒想到有一天，母親看到兒子，竟開口問他：「你不用去工作嗎？」

罹患失智症的父母，就好像生活在漫天大霧之中，有時大霧會突然散去，短暫恢復清明。聽到母親的問話，男子受不了母親居然不知道自己是為了誰而辭去工作，差點發飆。這名男子發現自己幾乎情緒失控，心生恐懼，最後還是放棄了親自照護母親。

儘管子女希望雙親了解自己的付出，但雙親往往無法滿足子女的期待。

有時候我也會被父親惹毛，心情很不好，第二天不想見到父親。儘管如此，照護父母依舊讓我覺得自己很有貢獻，我想這種心情就跟我病倒時，父親覺得自己必須打起精神來是一樣的。

每次我到父親家打開門，聽到電視傳來巨大聲響，知道父親已經醒來，便能感到一陣安心。有一天，我打開門時，屋裡安靜無聲，我當下心想：「父親該不會走了吧？」醫生說過父親的狀況不好，隨時可能離開人世。我因而片刻不停地擔

心父親，甚至無法工作，同時開始嚴肅思考**人只能死一次**這件事。聽起來雖然很奇怪，但我的確因為這個想法而有許多領悟。

有時候，我會打開父親寢室的門，看到父親平順地呼吸，睡得很安穩，就覺得父親光是活著便值得感激。遇到父親平常情緒化或是大發雷霆的時候，只要想到這件事，便能心平氣和的面對了。

對方生氣時自己究竟會如何反應，雖然總得等到事情真的發生了才會知道，但是父親「現在」還活著，真是太好了。

罹患失智症的雙親

如同活在漫天大霧中，

有時大霧也會突然散去，

短暫恢復清明。

待在身邊，就是一種支持

哲學家鷲田清一曾指出，我們的社會已經忘卻「什麼也不做，只是靜靜陪在對方身旁」的力量了（鷲田清一，《咬不斷的思念》，角川學藝出版）。我讀了之後，覺得自己就是其中一人。

我會這麼想，是因為「照護」父親一整天，常常覺得自己什麼也沒做。尤其是父親睡覺的時間變長之後，我更是覺得自己什麼忙也幫不上。父親醒來時，得為父親做事，會佔去我的時間；父親睡覺時，我才能做自己的工作，理論上我應該要感激父親睡著才是。但是如此一來，我覺得我們只是待在一起，稱不上是「照

護」。

就算父親醒來時，我所做的事情，也不過是準備三餐和打掃無障礙廁所，一想到自己做的事這麼少，就會覺得其他人照護如此辛苦，我是不是在偷懶？

我想起把兒子送去托兒所前的五個月，我們白天相處的情形。那時候兒子還不會走路，一開始我以為可以趁著兒子睡覺時查資料和寫論文。然而我馬上明白自己太天真了。兒子睡著時我也受到睡魔攻擊，一起睡著；常常醒來時，兒子已經餓得哇哇大哭了。

下雨天只能待在家裡，晴天時也會帶著兒子去公園走走，但是整體來說，大部份時候都沒有特別做什麼。

兒子出生之前，我曾經為了照護母親而日夜待在醫院，母親有時會有些任性的

要求，令我十分煩躁。但是母親失去意識之後，我能做的只剩洗衣服和清理排泄物，其他時間都在看書，不然就是把母親的病情與護理師的處置，記錄在筆記本上。護理師都視那本筆記本為閻羅王的生死簿，覺得很可怕。

父親在四分之一個世紀後，曾經造訪母親那時住的醫院，他轉述院長的話說，院長還記得我總是在病房讀希臘文的教科書，令我十分驚訝。

如果無法認同「靜靜待在對方身邊」，也就是鷲田清一說的「被動的行為」具有意義，便會覺得每天的照護工作十分辛苦。我和父親在一起時，絕不是什麼也沒做，父親醒來時我有很多事要忙，**就算是父親睡著了或在發呆，我也不是什麼都沒做**。靜靜陪在身旁就有意義，就是一種貢獻。

等到我自己生病住院時，才終於發現有人靜靜陪在身邊，多麼令人感激。我從加護病房轉到普通病房，即表示病情惡化的可能性降低，也不會陷入危急的狀

態，即使是這樣，還是有人陪在身邊比較安心。

父親發呆眺望窗外時，我不過是在同一張桌子上工作。父親睡著之後，我更沒事做了。

有一天，我對父親說：「既然你整天都在睡覺，我就不用過來了吧！」父親的回答出乎我的意料：「沒這回事，有你在，我才能安心入睡。」

我出院之後，白天一個人在家，有時會突然變得十分不安，因此非常了解父親話中的意思。我們會覺得靜靜陪在身旁沒有意義，有一部份的原因是，社會只以生產力來評斷一件事的價值。

有你在，

我才能安心入睡。

面對父母老去的勇氣

不需要勉強父母想起過去

在旁人看來，失智症患者的記憶很有問題，然而我認為，只要不會造成危險，不需要刻意糾正或是強迫對方想起來。

我聽過有人拿出照片，來說服忘記另一半已經過世的母親。聽到父親說不記得母親令我痛苦，因為這就好像我和雙親一同生活過的人生，也一併消失了。父親回到現在的家時，我告訴父親我曾經和雙親住在這裡；母親過世之後，父親、妻子與我三個人也曾經一起住在這裡，但是父親卻說他都不記得了。

發現父親忘記往事而覺得難過，是我的問題，和父親並沒有關係。父親如果忘記了母親或任何我認為很重要的事情，那是因為父親「現在」不需要想起來。

哲學家鶴見俊輔將「老化」視為過濾器，他說：「我相信經過老化過濾之後，留在心裡的記憶。」（〈老化帖〉，《鶴見俊輔　永遠的新思想家》，河出書房新社）

因為某些理由而忘記，又因為某些理由而記得，周遭的人也必須相信當事人自己的選擇。

父母可能因為某個契機而想起原本遺忘了的過去，就算回憶可能使父母感到痛苦，子女也無法阻止。

但是子女拿出照片給父母看，強迫父母想起來，只會讓父母心煩意亂。必須遭受強迫才能想起的回憶，就表示當下已經不需要了，即使回想起來，馬上也會忘記。但是被強迫回想的不悅感覺，卻會殘留在心裡。

子女希望父母記得的事情，父母往往一下子就忘了，但有些事情卻又不斷說了又說。這些被反覆訴說的內容，就是父母認為重要的事情，子女應該要仔細聆聽。不過，反覆聆聽一樣的內容很累人，所以需要一點訣竅。

擔任精神科醫師的朋友告訴我，他的祖母常常在對話中問他：「我剛剛是不是說過了？」他總是回答：「我之前就聽過了，但是奶奶說的話，不管聽幾次，我都覺得很有趣。」正因為他喜歡聆聽，所以很適合當精神科醫師吧！

其實，只要仔細聆聽就可以發現，父母說的內容不會每一次都一模一樣。即使事件相同，但每一次的重點都會有些差異，比如某些細節被省略或者增補

了。

如果子女用研究的精神，仔細分析父母每次說的內容是否字字句句都相同，就會覺得很有樂趣。**否則就會覺得父母又要講一樣的事情，真難以忍受。**

之前提過，父親常常提起戰爭時曾經被機關槍近距離掃射，後來話題終於轉移到「舊家」的往事。所謂的「舊家」，是父親結婚之前住的地方，父親細細告訴我舊家和附近的模樣，現在家裡還留著父親和母親在舊家用火爐烘手取暖的照片。我單單看到自己出生之前父母神情愉快的照片，便覺得很幸福。

因為叔公家繼承香火的兒子過世了，所以父親後來成為叔公的養子。不過，在此之前是姑姑去叔公家當養女，「養母個性很嚴苛，妹妹和她處不來，因此換我去叔叔家當養子。我是男人，白天都在外面工作，所以沒關係。」

父親回憶舊家往事時，並未提到婚後母親經常遭到祖母指責，重點也不是父親去當養子，和養父母關係不佳，而是父親下定決心去當養子，以拯救姑姑，並努力改善與養父母的關係。

這是父親美好時代的回憶。我覺得可能的話，父親甚至想回到那個時代。父親回憶起自我肯定的過去，表示回憶的當下父親並不痛苦。否則他想起來的，應該也是過去的不愉快。

因此，我認為父親想起舊家，表示父親現在過得很平靜，我十分高興。就算父親沒有想起母親，關於舊家的回憶當中，一定也包含了與母親的快樂往事。

老化是過濾器。

因為某些理由而忘記，

又因為某些理由而記得。

不需要對父母激動

負責照護父母的家人，因為父母的行為而煩躁或憤怒時，情緒的背後其實隱含了某種目的，真正的起因並不是父母的行動。

想要阻止父母做某些事的時候，我們常常情緒激動的對父母大小聲。就和帶孩子一樣，父母常用大吼大叫讓孩子做什麼或不做什麼。

可惜的是，這種做法大多只會引起孩子的反感。孩子當下也許會聽從父母的命令，但是並非心甘情願，只是被強迫而勉強服從。憤怒，也許馬上就有效果，但

子女卻會不斷嘗試反抗，結果就是子女每天重複同樣的行為，父母也不斷責罵。

責罵看似立即見效，卻不是真正治本的手段。

子女對父母也是一樣。**父母被罵之後看起來是放棄了，其實是在尋找反抗的機會**，子女對著老邁的雙親發怒，便是展開了與父母的權力鬥爭。

子女或許也覺得對父母動怒並非好事，卻又認為這樣可以改變父母的行為。長大成人的子女會想勝過父母，一點小事都能成為權力鬥爭的開端，只要能吵架，什麼理由都無所謂。

負責照護父母的家屬，由於每天繞著他們轉，身心都疲倦不堪。我不曾大聲責罵子女，反而面對父親總會忍不住大小聲。這種時候我的心跳一定加快，血壓也絕對上升，甚至回到家之後還無法恢復，曾經因此隔天請妻子代替我去照護父親。

我對父親的情緒，起因雖然是父親的行為，實際上卻是另有目的。第一個是剛剛提到的，**想依照自己的想法支配父母**。但是父親不會因為我的責罵而退縮，還是持續相同的行為，而且不管我們吵得多凶，過了幾分鐘之後父親又忘了。

我的憤怒，還有另一個目的。

雖然我不覺得自己是逞強在照護父親，但是我不分寒暑，中元節和新年時都不曾休息，因為我必須準備父親的三餐，我若不去，父親便沒有飯吃，所以無論我多麼疲倦、有什麼事，每天都一定得去看看他。

可能因為如此，我總是神經緊繃，甚至不容許自己感冒。當我想要休息時，便需要讓所有人覺得我的確有正當理由。這個所謂的正當理由便是「憤怒」，儘管我不是每次吵架都會氣到不想再看到父親的臉，但為了說服大家我真的不能去父親家，我必須表現得十分憤怒。也就是說，**我的憤怒不是起因於父親的各種行**

為，而是為了說服自己。

我的行為對父親而言就是找苙。如果我希望有人替手，其實不需要把父親扯進來，只要老實向人求援，說「今天我很累，拜託你代替我去」就好。

當然不是我開口，對方就一定會幫我，但至少我應該平心靜氣的試著去拜託。

就算大發雷霆，搞得自己心跳加快，血壓上升，對方如果不願意幫忙，還是沒辦法。

子女想佔上風，

就會從小事開始

與父母爭奪權力。

　　　　　　第三章　與年邁的雙親建立良好的關係

與父母爭執，不會改變與父母的關係

父母忘記剛剛用過餐時，做子女的儘管能做到不責備父母，卻往往無法擺脫強迫父母承認已經用過餐的習慣。我以為吃飽肚子就會撐，不會想再吃，護理師卻告訴我，父親的飽足中樞可能也已經衰退了。

我年輕的時候，每星期都會去大阪參加讀書會。讀書會的老師和母親同住，大家讀書時，老師的母親常常走到客廳來問：「我吃過飯了嗎？」師母總是笑瞇瞇地回答她：「已經吃過了喔！」當時我從未思考過照護雙親的事，看到師母的反應很是驚訝。等到我自己開始照護，才明白這件事情有多困難。

四分之一個世紀之後，我在自己出生長大、婚後和父親暫時同住的老家，舉辦了好幾年的讀書會。但是父親回到老家之後，讀書會面臨存亡危機，最後得到參加者的理解和協助，才得以繼續舉辦。

父親就睡在讀書會隔壁的房間，讀書會進行時，父親感受到客人的動靜，有時會走出來看看狀況。每次看到這麼多客人，父親總會嚇一跳，然後跟大家打個招呼，打完招呼又回去睡覺。然而一覺醒來之後，父和稍早之前一樣吃驚，然後再一次跟大家打招呼。

參加讀書會的人從未對這件事表示驚訝，反而溫柔接納罹患失智症的父親，我看了非常高興。遇到孩子哭鬧，如果只有自己一個人在場，往往也會跟著抓狂，但如果是和別人在一起，容忍度就會大幅提高。照護父母也一樣，平常和父親獨處時，我總是神經緊繃，然而當陪伴的人增加時，便覺得和父親在一起沒什麼。

領悟到這件事之後我便決定，和父親獨處時，只要沒有什麼大問題，我都要保持冷靜，不要讓他的一舉一動左右心情，就算父親忘記吃過飯和反覆向大家打招呼也一樣，因為這些舉動並不會對別人或他自己造成危險。

育兒也是一樣，心態認真和心情沉重是兩碼子事。照護雙親一定得心態認真，卻不需要心情沉重。就拿預防父母受傷這一點來看，照護行動需要協助的父母，時時刻刻都得小心注意才行，一定得非常認真。

但是照護者不需要為了強調照護很辛苦，而皺起眉頭、大聲嘆氣。照護者表現出辛苦的姿態，有一個理由是希望受到照護的父母，能了解照護究竟有多辛苦。但是就拿我父親來說，他根本無法理解。**為了照護而和父母起衝突或是心生煩惱，對於親子關係一點意義也沒有。**

另一個理由，則是希望本來應該和自己一樣辛苦照護父母，卻沒有貢獻的兄弟

姊妹，了解照護究竟有多辛苦。

照護當然辛苦，但是不需要刻意表現出辛苦的姿態，好讓其他人知道。如果希望對方了解自己的辛苦而伸出援手、提供協助，這麼做不見得能達到目的；要是結果不如預期，就更難以保持平穩的心境了。換句話說，**希望別人幫忙，直接開口要求就好了**。當然也要理解，就算開口要求，對方也不一定會幫忙。

向他人炫耀照護的辛苦，表示照護者是心情沉重多於心態認真。

照護父母需要認真的心態，

但是不需要沉重的心情。

放棄爭權，並非「認輸」

父親晚年成為某宗教的虔誠信徒。父親信教沒有問題，問題在於他對我說：

「我信教，就等於身為長男的你也信教一樣。」平常總是努力保持冷靜的我，聽到這句話不由得怒火中燒，大聲告訴父親：「不要干涉我的人生。」

話才說到一半，我便為了自己的情緒化而感到不好意思，因此改口說：「這種說法很像在強迫我，我不是很喜歡。」讓人意外的是，父親聽到我的回應，竟然向我道歉：「不好意思，我表達的方式不好。」

父親接著提到，剛和母親結婚時，兩人曾經接觸許多新宗教，我是第一次聽到父親提起這些往事。父親成為叔公的養子之後，和母親結婚，由於和養父母處得不好，日子很辛苦。母親是十分理性的人，我一直以為她和宗教無緣，聽到父親的話，讓我覺得很意外。

但是父親並未因此而氣餒，繼續熱烈地勸我信教。如果是陌生人，我可以很輕鬆就拒絕，但是自己的父親，只能每天聽他傳教，實在非常痛苦。

我不知該如何是好，找朋友商量，沒想到朋友的回答大出我意料之外：「你就為父親信教吧！」

事情並沒有這麼簡單。但是我知道朋友是在建議我，不要再和父親權力鬥爭了。儘管心情平靜無波，但覺得「自己對而對方錯」，便已經陷入了親子間的角力，而解決權力鬥爭只有一個方法，那就是放棄鬥爭。

於是，有一天我下定決心對父親說：「我可以跟你去一次你的會所嗎？」父親聽了當然喜出望外。

我並不打算信教，只是覺得自己無論是反對還是贊成，總應該先了解再說。理解不等於贊成，理解之後也可能反對，但是不理解便無法反對，所以我覺得和父親去一次會所也好。

從結論來說，我還是讓父親失望了。雖然我也曾經想過，或許應該打從一開始便堅定拒絕，然而我知道這麼做一定會徹底影響我們的關係，所以說不出口。我很清楚自己不會接受父親的傳教而信教，然而父親顯然不被全家人了解，遭到孤立了。我想，透過和父親一起出門與談話，好歹可以接近父親一點。

我忘記為何會和父親聊到這個話題，但是有一天和父親出門時，父親看到我演講的宣傳單，對我說：「你的工作是在幫助別人，要好好加油啊！」

　　　　　　　　第三章　與年邁的雙親建立良好的關係

我並不覺得自己的工作是在幫助別人，但是父親的話，顯示他當時是以信徒的身分關心別人的幸福。

開始照護父親之後，我每天早上都到父親家，父親大多數的時間都在睡覺，所以我便利用這些時間寫書稿。

父親每天吃完早餐便回去睡覺，到中午才醒來。有一天，父親在午餐時間之前便醒了過來，問我：「午飯還沒做好嗎？」我回答：「現在是十一點四十五分，可以再等我十五分鐘嗎？」父親聽了，頓時暴跳如雷。

寫稿子是我的日常工作，當時我正巧整理好想法，想要趕快寫下來以免忘記，所以才會請父親等一下。

但是父親卻絲毫不理解、體諒我的想法，反而批評我：「你這傢伙老是拘泥於

一些微不足道的小事。」

我必須工作，父親又多半睡到中午才起床，我以為請父親等一下無妨。其實這種時候最不浪費精力的做法，就是順從父親的要求，馬上起身準備午餐。如果讓父親按照我的想法等一等，卻搞得雙方很不愉快，反而沒有意義。

這時候我可以很生氣，然而**如果想要和父親打好關係，最好放棄大多數的抗爭。就算感情不會因此變好，至少不會白白浪費力氣。**

覺得自己對而對方錯時，

就已經陷入權力鬥爭。

解決權力鬥爭的唯一方法

就是放棄鬥爭。

面對父母老去的勇氣

認為對方的「動機純良」，便能改變人生的看法

母親過世之後，家裡就剩父親和我一起生活。我們光是待在同一個空間，氣氛都會變得很緊張，以往都是靠母親居中緩衝，雖然我能預料到母親去世後會出現這樣的情形，實際相處起來還是很辛苦。

當時我才二十五歲。說來不好意思，當年的我完全不會做飯，父親也一樣，我們因而老是外食，吃遍了住家附近所有的餐廳，最後也都膩了。

有一天，父親突然說：「一定要有人做飯才行。」那句「有人」，很明顯不包

括他自己，那當時就只剩下我了，這就是我做菜的開端。做菜可以對家人（雖然當時只有父親一人）有所貢獻，雖然一開始我什麼也不懂，卻覺得做菜比我想像的有趣，於是我每天都很認真的做菜。

我當然也想到買食譜，我沒請教任何人，就買了一本《男人的料理》。可是當我想照書裡的食譜做菜時，卻買不到要用的食材；肚子餓想要馬上煮來吃時，食譜卻說要燉上兩天，實在說不上是本實用的書。

儘管如此，有一天我還是參考這本食譜，決定來做咖哩飯。食譜說要先炒麵粉製作咖哩醬，現在的我絕不會做這種傻事，但當時我缺乏做菜經驗，以為咖哩就一定要這麼煮。因為必須用小火慢慢炒以免燒焦，我在平底鍋前一連站了三個小時才完成。

父親回家吃了之後說：「以後不要再煮了。」我以為父親是嫌我煮的咖哩飯難

吃。想到花了那麼多時間卻只得到父親這句話，實在讓我非常沮喪，甚至還想，以後再也不要幫父親做飯了。

但是十年之後，我明白了父親那句話並不是我所想的意思。我以為父親的「以後不要再煮了」是嫌咖哩飯難吃，其實是我鑽牛角尖的結果。

之所以會發現，是因為朋友聽我描述這件往事，問我是什麼時候發生的事情。母親在我進研究所那年病倒，同一年課程結束時過世，煮咖哩飯是母親過世後的隔年。聽完說明的朋友告訴我，父親不是因為覺得難吃而叫我不要再煮。

朋友解釋後，我才恍然大悟，原來父親是認為我還是學生，讀書才是我的工作，如果為了煮飯必須耗費三小時，那就「不要煮了」。

父親總是批評我的生活方式，他看到我研究所畢業之後，一直沒有找工作的意

思，便問我到底有什麼打算，我因此對老愛說教的父親能躲就躲。但是自從我用不同的角度去理解「以後不要再煮了」這句話，我對父親的看法明顯改變，和父親的關係也因而改善。

但是，這只是改變我與父親關係的契機，我們父子的關係可以改善，並非僅基於單一事件，而是因為從此我可以從不同的角度解讀父親的話，不知不覺間，雙方關係就和以往不同了。

如果想和他人建立良好的關係，不能拘泥在對方表面的言行舉止，而要努力看懂背後的良好立意。另一方面，自己也必須努力把話說清楚講明白，以**免對方誤會**。雖然無論如何表達都可能被誤解，但最重要的是為了避免誤會所付出的心力。

妹妹知道了以後，去問父親是否記得這件往事。雖然我記憶猶新，但父親已完

全不記得了。因為語言造成的不愉快，覺得受傷的一方往往無法釋懷，而說的人卻早忘得一乾二淨了。

也說不定父親根本沒有說過「以後不要再煮了」這句話，而我記憶中一直存在這件事情，是因為我不想和父親建立良好的關係，為了達成這個目的，我的記憶也會造假。

無 論 如 何 表 達

都 可 能 遭 人 誤 會 ，

還 是 要 持 續 努 力

以 免 遭 人 誤 會 。

發現行為背後的心聲，便能改善親子關係

有一天，父親突然跟我說：「我想試試你在做的那個心理諮商。」從專業立場來看，家人之間因為有著利害關係，幫家人做心理諮商難度很高，所以我從沒想過要幫父親做心理諮商。

以前，太太來跟我商量孩子的事時，一開始，我們就像一般的諮商，太太冷靜的敘述，我也冷靜的傾聽。然而話說到一半，太太總會突然冒出一句：「可是你也是孩子的爸爸啊！」

這句話像咒語，讓我從專業的心理諮商師瞬間變成人父與人夫，無論我接下來提出多麼合理的建議，聽起來都像是對自己有利的藉口。

因為有過這樣的經驗，父親說希望由我來幫他做心理諮商時，我實在很頭痛。

不過，當時我已經發現自己和父親的關係，跟以前不一樣了，年輕時我只要和父親待在同一個空間，氣氛就會變得很緊張。如果只是想法不同，還可以透過溝通促進彼此的了解，但我和父親之間是說了也沒用，根本無法溝通，因此我只會靜靜等待父親如同暴風的怒火熄滅。

我不確定父親的心境出現了什麼變化，但是我也找不到理由拒絕父親的期待。

當時父親一個人住，我們約好每個月諮商一次，在位於我們住處中間的京都車站見面，吃過飯後，一邊喝咖啡一邊進行，每次約兩個小時。

那段時間我們談了很多，我印象最深刻的，是父親終於說出他決定住在妹妹家

附近的理由。父親從公司退休後，轉到橫濱的相關企業工作，一個人在橫濱住了十年，直到後來也離開相關企業，其間我只探望過父親一次。

母親在我研究所第二年的一月過世，我在同年的六月結婚，婚後與父親同住。到了十月父親突然說要去橫濱時，我大吃一驚。我們夫妻的生活步調和父親差異甚大，我想父親的決定也許是因為無法和我們一起生活。

十年後，父親要搬離橫濱時，我以為父親會回來跟我一起住，但是父親竟然說要在妹妹家附近租房子。他說，如果同居，會忍不住凡事都依賴妹妹，所以只有晚餐一起吃，基本上還是一個人住。

我想父親大概很討厭我吧！對我來說，畢竟分開了十年，新婚同居時的壓迫感已經淡去許多，雖然以往同住的經驗並不算愉快，我還是為了父親竟然決定住在妹妹家附近而惆悵不已。

結果，真相在我為父親做心理諮商時水落石出！原來那一陣子妹妹因為生病而身體虛弱，父親心想住在妹妹家附近，說不定可以幫上妹妹的忙，所以才做出這個決定，而不像我以為的是因為他很討厭我。

父親心理諮商時，有時會提到妹妹。我想起妹妹曾告訴我，父親雖然每天到她家吃晚餐，卻不太和孫子交談，而且一吃完晚飯就馬上回家。所以我開始居中協調父親與妹妹的關係，我曾想過要是轉述父親的話讓妹妹知道，兩人之間的關係可能會截然不同，但是我也明白做父母的，通常很難坦率說出心聲。

「我想接受你的心理諮商。」

透過心理諮商，

了解父親鮮少說出口的心聲。

人人都戴著角色的「面具」

我曾經在精神科診所兼職，那裡的患者大多數罹患思覺失調症，我負責診所的日間照護，所有病患每星期有一天會聚在一起做菜，那天正好是我去診所的日子。

大家一起做菜，是協助患者回到正常社會的方法。早上先問有沒有人要去買菜，病患合計約五十人，裡面會有幾個人表示願意去買菜。負責買菜的人帶著計算機，在附近的超級市場採購最便宜的食材，再回到診所開始做菜。做菜時大約會有十五個人幫忙，煮好之前，其他人只要躺著等待餐點。

這裡不會有人說沒勞動的人不准吃飯。大家都很明白，自己今天負責做菜，自己明天也許就會因為不舒服而無法幫忙，所以願意趁著今天身體狀況好而多出一點力。診所裡沒有人會抱怨不去買東西、也不幫忙料理的人，我認為這才是健全的社會。

這間診所的員工不穿白袍。一般來說，醫護人員之所以穿白袍，目的是要讓患者知道自己是醫護人員。

失智症患者經常陷入妄想，以為自己的東西被人偷走或是藏起來，大部份的患者都會認為犯人是負責照護他們的媳婦，有時候則是居家訪視的護理師。我曾經問過來訪視父親的護理師：「護理師也會成為懷疑對象嗎？」「會，但是懷疑護理師會比懷疑家人好。」「您不怕被懷疑嗎？」「穿著白袍時就沒問題。」

穿著白袍時，護理師了解自己的身份是醫護人員，不論發生什麼狀況，都可以

　　　　　　　　第三章　與年邁的雙親建立良好的關係

打起精神面對患者；同時也能向他人明確表示自己是醫護人員。但是家人無法穿著白袍，遭到懷疑也無處可逃。

我第一次到診所去擔任日間照護人員時，一位患者走近我：「我沒見過你耶。」「對啊，我是第一次來。」「原來如此，我想你也知道這個病絕不能心急，要慢慢的、徹底的把它治好。」

因為那時我沒有穿白袍，對方以為我也是患者，另一方面也意味著，我沒有戴著醫護人員的面具。

我們總是戴著面具生活，英文「person」源自拉丁文的「persona」，是面具的意思。當人戴上「父母」的面具時，便會擺出父母的姿態和子女相處，反之，子女也是這樣。

只要戴著特定的面具，便無法轉換成其他身份或關係。醫護人員穿上白袍可以明確彰顯身份，但也因此無法站在朋友或是其他角色的立場，與病患相處。

家人之間也是一樣的道理。當父母戴上父母的面具時，子女也無法拿下子女的面具。原本高高興興聊著天的子女，只要一聽到父母說教，就會覺得自己還是閉上嘴巴比較好，因為父母總是不肯聽到最後，便插嘴批評，所以子女當然會認為，父母絕對不會好好聽自己傾訴。但如果把子女當作朋友，便不會覺得自己一定要說教。

和父母相處時也是一樣。**如果不戴上子女的面具，就能站在普通人的立場聽父母說話，就算父母說錯，也不會認為一定要糾正。**用不一樣的角度，說不定還會覺得父母說話很有趣。

父親虔誠信教時，如果我只用一句「宗教就是迷信」草草帶過，溝通便會畫下

句號。其實，即使後來父親的病情持續惡化，連說話都失去條理，我還是可以理解或是努力去理解。意見相左時，只要表達我理解，但是不贊成的立場就好。

如果父親還是選擇無視我的意見，我甚至可以改站在朋友的立場協助父親。

如果無法摘下面具，至少可以換上朋友的面具。**親子相處時，父母或子女其中一方，最好是雙方，都能戴上朋友的面具，說話方式也會因而改變。**

如果眼前的人是我重要的朋友，我就會知道該如何對話與聆聽。我不會干涉對方的決定，也不會冷漠地拋下對方說：「這不關我的事，是你自己的功課。」

面對父母時，

我們可以以「人」的身份，

而非「子女」的身份

聽對方說話。

　　　　　　　第三章　與年邁的雙親建立良好的關係

子女無法報答雙親的付出

學生時代，我每星期都會去關西醫科大學森進一老師家，參加他舉辦的古典希臘文讀書會，參加者除了醫學院的學生、醫師之外，還有像我一樣，來自其他學校的大學生和研究生。

有一天跟父親聊到我正在學希臘文，父親問我：「一個月學費多少？」我回答：「老師沒有提到學費的事，我想應該不用錢吧！」父親聽了大發雷霆：「世上哪有那麼好的事？你現在馬上打電話問老師多少錢。」其實不用父親說，我也很驚訝世上竟然有人付出不求回報，正不知道該如何是好。

我依言打電話給老師，他只回答：「如果以後有其他人想學希臘文，就換你教他了。」因此，後來我不但收了好幾個希臘文與拉丁文的學生，甚至還在大學教授希臘文。

後來我在照護父親時，回想起這段往事。年邁的父母需要子女照護，並不代表子女因此就能回報父母的養育之恩。就算父親說：「當初把你養大，現在該輪到你來照護我了。」我也不知道自己能否滿足父親的期盼、依照他期待的方式照護他。我想應該是做不到吧！**就算我能做到完美的照護，這點微不足道的小事，也無法報答父母為我付出的一切。**

站在為人父母的立場，我並不期待子女能夠報答我的付出；不過又有多少父母在育兒階段，就想到日後有需要時，希望子女也能照護自己呢？

儘管用心照護也無法報答父母的恩情，但父母需要照護時，子女不可能什麼也

不做。然而就算一心想要把父母照護得更好，或是不斷思考該如何照護父母，在該做的事、想做的事和能做的事之間，子女真的做得到的，還是只有能做的事。如果無法明確區分做得到和做不到的事，恐怕很難持續彷彿看不見終點的照護。

我因為生病休養的關係，減少工作量，得以在父親人生的最後階段照護他兩年（當然，我並不覺得自己有做到父親滿意的程度）；母親病倒時，我也住在醫院照護了母親三個月，然而我還來不及報答母親，母親便早早告別人世了。

一代，也能對社會付出。

儘管子女無法直接報答父母，卻可以把父母的付出傳承給下一代；沒有下

人生在世，無法一個人生存，必須和他人有所連結。和我有連結的人，又和其他人有連結。在人與人的連結之中，我可以獲得，也能給予。

對方接受我的付出，不見得會直接回報我。我的付出最後有可能輾轉回到我手上，也有可能永遠不會獲得任何回報，我想恐怕是沒有回報的機率高一點吧！

然而，我們不能因為沒有回報，就什麼也不做，還是要做自己能為其他人做到的事情，而且不需要期待回報。

我們在人際關係只能付出，甚至連口頭的感謝都無須期待。

在人與人的連結之中，

我可以獲得，也能給予

持續「當下、眼前」做得到的事，不要放棄

父親家的扶桑花，到了夏天便會盛開；然後隨著季節變換，漸漸不再長出新的花苞，最終不再開花。每到花朵盛開的時節，父親總會滿臉笑容的告訴我：「你看，扶桑花又開了喔！」某日吃過早餐、睡完回籠覺後，父親看到盛開的扶桑花，對我說：「這朵花昨天就開了。」

其實這朵花是今天早上開的，父親因為睡了一覺，以為已經到了第二天，所以才誤會。花到底是哪天開的並不重要，就算子女因為父母說錯了，而感到驚訝、困惑、失望或悲傷，強迫父母承認錯誤或糾正他們的錯誤，也沒有意義。

我反而很訝異，父親居然還有明確的「昨天」的概念，沒想到在他的認知中，時間不只是模糊的「現在」與「過去」，而且看起來，他也不是完全忘記了過去，至少他還記得扶桑花曾經盛開。

父母忘記過去，不知道今夕是何夕，代表父母正活在自己的世界裡。那裡流逝的，是父母獨自的時間，與現實世界並無關連。子女雖然想將父母拉回與現實時間共通的世界，但對於已經不再需要工作的父母而言，回答不出「今天是幾年幾月幾日」等問題，也不會給任何人添麻煩。

罹患失智症的父母，彷彿自由翱翔於時空當中。子女唯一能做的，**不是將父母拉回時間共通的社會，而是要走進父母獨自的世界當中。**就算那個世界難以理解，為人子女者也只能全力以赴。批判父母活在獨自時間中是錯誤的或奇怪的，他們的失智症也不會因而改善。

我曾經動過冠狀動脈繞道手術，手術後一清醒，馬上就拆除了人工呼吸器。原本打了全身麻醉的我，好像瞬間從自己的世界，或者可說是沒有時間的世界，被迫回到由共通時間軸所支配的世界。施打肌肉鬆弛劑和手術中心臟停止跳動時，我距離死亡只有一線之隔，當下明明很害怕，醒來時卻覺得難得做了一場好夢，竟然被鬧鐘吵醒而悵然若失。

夏天結束後，父親期盼的扶桑花就不會再開花。儘管如此，我們還是會持續澆水，直到下一個夏天來臨，我會再發現新的花苞，隨著天氣愈來愈炎熱，花苞一天天長大，很快又會開花：；到了秋天，花苞生長速度趨緩，最後就不長了。不過，**只要不放棄持續澆水，終有一天，花朵又會盛開。**

仔細一看，就能發現樹上還有很多小花苞。就算今天盛開的花朵枯萎了，明天我還是會繼續照顧。但是我不是因為花朵一定還會盛開，所以才願意如此；就算花朵再也不開了，我也不會放棄。

我發現照顧花草和照護父親很像。就算醫師宣告父母得了絕症，我們做子女的也不會因此放棄。照護父母時無論發生什麼事，都只能接受。**照護只有how（如何做），沒有why（為什麼），就算找到父母罹病的原因也沒有用，照護的日子依舊會降臨。**

一直澆下去。

了，而停止澆水；就算不知道最後會變成什麼樣子，只要還能幫它澆水，我都會

不斷澆水，花也許會再開，也可能再也不開。我不會因為扶桑可能不會再開花

畢竟誰也不知道死期什麼時候會來臨。

我 們 不 是 為 了

今 後 一 定 會 開 花 而 照 顧,

就 算 今 後 再 也 不 會 開 花,

也 不 會 放 棄 照 顧。

感受昨天與今日相同的喜悅

孩子還小時，父母的視線時時刻刻都得放在孩子身上。照顧小孩每天都很辛苦，渾然不覺間，一年的時間一下子就過去了。

然而，其他人並沒有看見這日積月累的辛勞，只會因為偶爾才見一面的孩子，竟然已經這麼大了，而驚呼別人家的小孩長得好快！但是面對自己的小孩，就無法產生這種感慨。不過做父母的，一定也能在自己的孩子身上看見成長的痕跡；有時也會因為孩子原本不會做的事情，居然在不知不覺中學會了，而感到萬分驚喜。

逐漸老去的父母和正在成長中的孩子正好相反，原本今天會做的事，到了明天可能就不會了。子女也不見得能像發現孩子的進步一樣，馬上注意到雙親的退化。相較於經常隨侍在側的我，偶爾才見到父親的人，通常不太會發現父親的變化。父親就算不知道自己在跟誰說話，也能配合對方聊天，因此許多人不會發現其實父親罹患了失智症。我家經常發生這種狀況——見到父親和對方談笑風生，心想只要見了面，還是會想起來，但等到對方一離席，父親馬上問我：「那個人是誰？」

但是，如果對方很熟悉過去的父親，就算很久沒見面，通常能馬上發現父親不對勁。例如姑丈有一天來探望父親，看到父親和以前一樣與他聊天，本來已經放下心中一塊大石頭，卻在父親送他去車站的路上，還是發現了父親有問題。

沒想到的是，後來姑丈突然過世，走得比父親還早。我打從心裡深刻體會到，真的沒有人知道人生究竟會怎樣。

照護父母和育兒一樣，要把重心放在做得到的事，而非做不到的事。雖然很難，但是這樣比較容易注意到父母原本做不到的事情，現在居然能做到了。

可惜的是，大部份的事情不但沒有進展，甚至還會迅速惡化。失智症就像掉牙齒，掉下來之前雖然搖搖晃晃，但還能維持在原本的位置，一旦掉下來之後，就再也裝不回去了。如果掉下來的，是像智齒一樣大的牙齒，周遭的人都會很驚訝；但是當事人沒有智齒，也還是能過日子。

儘管不會做的事情愈來愈多，但父母的退化是慢慢進行的。短期間來看，每天的日子並沒有太大的變化。**面對父母時，應該為了不變而高興。**

比較過去與現在，會驚訝於子女的成長，也會失望於父母的衰老。如果有好好珍惜與子女和父母共度的時間，父母衰老與病情惡化的速度，就會和自家孩子的成長一樣，好像沒那麼快了。

和父親在一起時，我常常覺得父親和其他人似乎面對著不同的方向。即使圍坐在一起吃飯，父親也無法融入大家，明明大家還在聊天說笑，父親只要睏了，就會跟平常和我單獨相處時一樣，默默地去睡了。

偶爾，父親也會留在餐桌上，和大家一起展現笑顏。這種時候，我特別能夠感受到和父親共享「當下、眼前」的快樂。父親坐的位置，可以看到窗外的樹木，有時候會有鳥兒飛來。看到栗耳短腳鵯來吸山茶花蜜時，父親總能開心大笑。這時在場的所有人都會跟著把注意力放到那裡，共享「當下、眼前」，和父親一樣開懷大笑。雖然不是時時刻刻都能有這種珍貴的感受，我還是期許自己不要錯過突然造訪的幸福瞬間。

該注意的，

不是失去哪些能力，

而是還做得到什麼。

不要錯過突然造訪的

「幸福瞬間」。

面對父母老去的勇氣

父母活著，便是對家庭有所貢獻

與年邁的父母相處時，不需要特別找出他們「做了」什麼，其實就算子女想找，可能也找不到。看到父母昨天還做得到的事情，今天卻做不到了，認為做得到才有價值，只會注意「做得到」什麼的人，會漸漸不知該對雙親說什麼才好。

但事實上，雙親並非什麼也沒做，他們活著，對家人就是一種貢獻。看起來毫無作為的雙親，只要活著，就能凝聚全家人的向心力。有時候父母過世之後，兄弟姊妹才會發現，彼此的關係其實不是太好。

兒子念小學時，有天夜裡突然對我說：「爸爸，今天謝謝你。」我不記得那天對兒子做了什麼特別的事，於是問他理由，結果兒子並非因為我做了什麼而說謝，只為了我陪在他身邊而表達謝意。兒子這番話教會我，對方不一定要做什麼，光是因為對方存在，就可以開口表達我們的謝意。

對父母也是一樣。不要因為是家人就認為「不說，對方也能明白」；就算是家人，正因為是家人，更需要特意說出「謝謝」。即使是微不足道的小事，也可以藉此表達對家人的感謝，例如看到對方把自己用心準備的餐點吃光光，很高興，就可以說謝謝；也可以主動告訴父母，因為兩人健在而感到安心。

父親回到老家生活之後，每次看到我準備好餐點，便會跟我說謝謝。我回想以前和父親一起住時，父親並不習慣向我表達謝意，其實他可能說過也不一定。除了謝謝之外，聽到父親說「有你在，就能安心睡覺」也讓我非常高興。**只要把自己聽了覺得開心的話，也對父母說出口就好。**

透過對父母表達感謝之意，讓父母感受到自己對子女也有貢獻；只要他們覺得自己有貢獻，就能肯定自己的價值。年邁的雙親會因為漸漸失去能力而喪失自信，覺得自己一點用也沒有，還可能鑽牛角尖，認為自己走了還比較好，甚至認為自己在家中已經沒有立足之地。

當父母能做的事愈來愈少，子女就要對雙親「還健在」一事表達謝意，無須特別留意他們是否「做了」什麼、「做得到」什麼，不著痕跡地讓父母覺得自己對家庭的確有所貢獻。

父親除了用餐時間之外，幾乎都在睡覺，這段時間我不是對著電腦打稿子，就是在看書。有一次跟朋友聊起來，朋友竟然說：「能讓父親看著你工作，真好！」令我不由得一愣。然而事實的確如同朋友所言，如果在自己房間裡工作，累了就會想做點其他事情，無法集中精神。多虧了父親，我才能每天看很多書，稿子也有進展。

　　　　　　　　第三章　與年邁的雙親建立良好的關係

家人不斷對父母表達謝意，是希望讓他們了解，就算自己什麼都不做，也能對家庭、子女有所助益。如此一來，他們就不會藉由激怒他人或惹人煩躁，來引起家人的注意。

我下定決心，就算父親最後連我是誰都不知道，我也不會改變自己對待父親的方式。所幸父親直到臨終前，都還知道我是他的兒子。

如果父母連自己是誰都忘了，就當作今天是我們第一次見面，時間從「當下」開始，兩人之間便沒有過去。

持續說「謝謝」，

是為了讓父母明白

無須特別做什麼，

也能對家人有所貢獻。

與其等人對自己說「謝謝」，
不如自己開口說「謝謝」

如果期盼自己做的事情，都能得到他人感謝，照護父母時會非常痛苦，因為父母不見得會說「謝謝」，甚至不說的時候還比較多。

父母不見得是故意不說，可能是從年輕的時候，就不習慣向人道謝。如果子女也很少對父母表達感謝，光是期盼父母單方面說謝謝，對他們並不公平。**無論雙親是否對子女表達謝意，子女都可以決定由自己先開口。我可以先說謝謝，我一個人也可以說謝謝。**

曾有一位長期照護長輩的朋友告訴我，她婆婆每天晚上都會將晾乾的衣服摺好，她會對婆婆道謝，但其實等到婆婆入睡後，她總得重摺所有衣服。對此，這位朋友並沒有任何不滿，反而很高興婆婆還能幫忙摺衣服，也很感謝婆婆的付出。雖然不確定她能夠記得多久，至少婆婆聽到謝謝時，會覺得自己對家人很有貢獻。

不是所有照護者都很辛苦。這句話並不是指照護很輕鬆，而是**照護到底是辛苦還是輕鬆，端看負責照護的人如何看待這件事。**

我很高興能對父親說謝謝；父親對我說謝謝，我當然也很高興。但是如果沒聽到父母道謝，就覺得自己的照護沒有貢獻，等到父母無法開口的那一天，或是父母原本就不習慣表達感謝，照護起來就會更加辛苦。

剛剛明明給過飯，對方卻說還沒吃，這樣的狀況的確很令人沮喪。不管子女做

了什麼，父母都不記得，又一副理所當然的態度，就算子女忍得住照護的辛苦，也會覺得辛苦沒意義。然而事已至此，子女也只能從接受現實開始了。

我長期以來都是等白天在外工作的家人都回家時，才開始做晚餐。有一天，女兒比平常早回來，很體貼的對我說：「今天做咖哩飯吧！我來幫忙。」雖然我的工作大多數可以在家進行，但一整天下來，到了準備晚餐的時間還是會累，聽到女兒說「爸爸白天也在工作，煮晚餐時就休息一下」，真的很窩心。

女兒那天突然說要幫忙，為此我還特地跑去買菜。但是女兒走進自己房間之後，卻遲遲沒出來，直到我切好菜才終於現身，於是我便讓女兒接手之後的工作。

如果那天女兒改變了心意，沒有出來幫忙，我和平常一樣獨自準備家人的晚餐，當然還是可以感受到自己對家庭的貢獻；雖然事實上，女兒那天的確有接

手，但是不管她有沒有，都不影響我對家庭的貢獻。

跟父母的關係也是一樣，重點是有機會為父母付出，便要肯定自己有所貢獻，這一點並非取決於父母是否感謝你。**只要知道自己的價值，便不會產生需要他人認可自己的渴望，時時期盼對方對自己表達感謝。**希望父母感謝自己，就跟沒人讚美就不乖的小孩一樣。

許多人無法認同自己的價值，甚至會鑽牛角尖到覺得自己消失了，家人的感情會更好。這種人無法喜歡自己，但是**我就是我，不可能變成別人。感受不到自己的價值，便無法獲得幸福。**

無法自我肯定的人，只有在得到別人的認可時，才會覺得自己是有價值的、不是沒有用的。就像之前提到的那位朋友，儘管事後覺得自己全部重新摺過衣服，還是不吝對婆婆說「謝謝」，希望婆婆藉由摺衣服，感到自己對家人有貢獻，更進

而肯定自己的價值。

就算父母什麼也做不到，子女還是可以讓父母知道，活著就是一種貢獻；至於子女覺得自己有貢獻，認為自己有價值也很重要，這跟是否受到父母的認可或感謝，並無關係。

希望父母感謝的人，

就跟不誇獎便不乖乖行動

的小孩一樣。

做得到的人，在做得到的時候互相幫助，才是可以安心養老的社會

記得上小學之前，有一次我和妹妹在電車裡大聲唱歌，當我回過神來，才發現身邊的人都在聆聽我們的歌聲。雖然可能是我想太多了，但是我馬上害羞得閉上了嘴。就在那一瞬間，我清楚知道，毫不在意周遭的眼光、天真無邪的童年時光，已經離我遠去。

等到我自己當了父親，發現帶小孩搭電車很需要勇氣，因為萬一小孩在電車裡哭鬧，來自周遭乘客無言的壓力非常巨大。那些要求父母沒辦法安撫小孩，就不要坐電車的人，一定沒有和小孩一起出門過，甚至忘了自己也曾經是小孩。我們

需要一個對孩童寬容的社會。

對待銀髮族也是一樣。我常想，要是我們的社會，能讓每一位失智症患者安心生活，那就太好了。就拿自動販賣機來說，每一台機器的使用方式都不一樣，JR和私營鐵路公司的售票機使用方式不盡相同、飲料販賣機也各有差異。如果是跟人買東西，就算稍微說錯，對方多少能理解和對應，但是電腦完全無法隨機應變，就算不是老人，有時也會不知道該如何使用。

不擅長與人相處的人，面對自動販賣機比較不會緊張和感到壓力，這是好處。我雖然不認為一定得統一機器的操作方式，但是用法各異真的很令人頭痛，例如有些機器會自動找零，有些卻要拉把手才行。父親曾經因為投了錢，卻沒有拿到飲料而發脾氣。如果父親不是用自動販賣機買，而是去一般有店員的商店，就不會買不到飲料了吧？

我們必須以能讓嬰兒、幼童、銀髮族、身障者和孕婦等所有人，都安心生活的社會為長期目標，思考該如何做到。然而在這個理想社會成形之前，我們還是必須要照護父母。既然現在的社會並不利於育兒和照護，思考**在現狀中可以做到什麼，才是最重要的**。

當年，我早晚騎腳踏車到托兒所接送小孩，路上常有人叫住我，給我許多育兒上的建議；我也會站在托兒所前，和其他母親交換經驗。**單單知道不是只有自己因為育兒而苦惱，以往那些和小孩辛苦纏鬥的日子，也能成為人生中的美好回憶**。

後來，我在部落格上提到自己正在照護父親時，也接到許多電話和電子郵件，每一個熱心提供建議的人都是照護老手，具體指導我各種情況該如何應對。

雖然照護父親並不算辛苦，眾人的建議還是很有幫助，讓我撐過那段日子。所

以我現在最希望能**打造可以獲得他人幫助，還能藉由談論自己的經驗來協助別人的社會**。

活得越久，越會覺得自己無能為力。之前我也提到，我兼職的診所裡，病人不知道自己第二天的情況會如何，所以趁今天還有力氣就幫忙煮飯，也絕不會責備不幫忙的人，這種做法並不只是單純的「施」與「受」。

許多事情會因為老化而做不到，也不一定可以因為當年曾對子女付出，而要求子女回報。希望這個社會所有的人都能夠互相幫助，讓做得到的人，在做得到的時候，盡力協助他人，讓每個人都覺得自己有貢獻。

打造一個可以獲得

別人幫助，還能藉由談論自己

的經驗，以協助別人的社會。

樂在「當下、眼前」

有效率的人生，沒有意義

父親家離我家走路約十五分鐘。母親離開人世之後，父親長年獨居，一直到發現罹患失智症才回到老家，白天由我照護。

其實去父親家還有更近的路，但是我喜歡沿著河岸走，即使必須繞路也心甘情願。

所謂的十五分鐘，並不是一心一意，專心前往目的地的那種走法。我在途中聽到鳥鳴，總會停下來尋找鳥兒的身影；看到蝴蝶在吸食花蜜，也會停下腳步拍攝那

美麗的畫面。我也喜歡看翠鳥低空掠過水面，蒼鷺因為我的氣息而嚇得飛走，就算下著毛毛細雨或是天氣冷到發抖，我也不以為苦。好幾次為了追逐翠鳥，我在路上來來回回，一趟路總要分成好幾次才走得完，所以實際上花的不只十五分鐘。

然而，我知道父親在等待，也擔心父親一個人發生意外，所以不能老是流連拍照。有一天，我突然覺得這段路程就跟人生一樣。假設人生是一條有起點也有終點的道路，有效率地走在這條路上——換句話說，有效率地過日子，然後死亡，根本沒必要也沒意義。途中不時繞遠路，有時甚至走點回頭路，玩到忘記時間，或是等到發現時已經不知不覺走得很遠，也是人生的常態。

女兒出生沒多久，有一次我單獨帶著四歲的兒子出門。那天我們下了電車，趕著要去轉乘巴士，但是一天才幾班的巴士居然已經開走了。

我問兒子怎麼辦，下一班巴士一小時後才會來，兒子竟然說他要等。我只覺得

很苦惱，那時兒子心中時間的流逝方式，和我的一定不一樣吧！

兒子念小學時，好幾次忘記帶鑰匙出門或把鑰匙忘在學校，因此放學回家時無法進門。

有一天，我回家時遠遠看見家門口有一把黃色的傘。我以為進不了家門的兒子把傘放在門口，不知道跑去哪裡玩了，結果走到家門口，才發現他在玄關前坐著睡著了。傘遮住了兒子，所以我從遠處看不見他。

兒子發現我回家，指著在玄關門上爬的蝸牛說：「牠原本在這裡。」蝸牛移動了約三十公分。雖然我不知道那天兒子到底等了多久，但是他用蝸牛前進的軌跡來表示時間流逝，讓我覺得很有趣。說不定兒子就是看著蝸牛留在玄關門上的痕跡，第一次認識時間的存在呢！這裡的認識時間，指的也是「了解大人眼中關於時間的常識」。

有些動作有起點和終點，因此重要的是，儘可能提升抵達終點的效率。萬一中斷，無論原因是什麼，都代表動作沒有完成，目的沒有達到。另一方面，有些動作，例如兩人共舞等，則是在動作的當下便已完成，並非藉由舞動以抵達何處。

人生明顯屬於後者。雖然許多人認為繞路和停下腳步是浪費時間，我卻覺得多花點時間也無所謂，充滿效率的生活一點意義也沒有。

兒子在四歲時沒想過要計算時間，也不明白等一小時巴士是什麼意思，他或許沒想過巴士來之前的時間，也是時間吧？

念小學因為忘記帶鑰匙而被迫在家門前等待的兒子，或許不像成人一樣，覺得等待那麼痛苦，但是當時的他已經和四歲時不同，會透過蝸牛移動的軌跡，感受時間的漫長。那時的他，已經學會看時鐘了。

還有一次，在外面等我回來時，兒子把作業擺在地上寫。雖然把作業簿壓得皺巴巴的，但是想到要趁等待的時間寫作業，表示他已經開始思考有關效率的問題了，覺得發呆是在浪費時間了。

父親接受過好幾次關於失智分類與症狀的檢查，一般人工作時的確需要知道今天是幾月幾號和星期幾，但對於當時的父親，卻已經是無關緊要了。

人類想起過去會後悔，想到未來會不安，但是我們已經無法回到過去，明天實際上會變成怎樣也無人知曉。**未雨綢繆不是壞事，但是不到當下，無法知道究竟會發生什麼事，放棄預測也是一種生活方式。**

有些子女看到父母罹患失智症，連最近的事情都想不起來，就覺得他們很可憐，但是活在「當下、眼前」的父母，所實踐的才是人類最理想生活的方式。

繞路或停下腳步

都不算浪費時間，

多花點時間也沒關係。

終章　樂在「當下、眼前」

不需要為了「下半輩子」而改變生活方式

我接受冠狀動脈繞道手術後幾天，主治醫師告訴我，他也替他父親做過手術。我曾聽說醫生不會幫親人動手術，所以很驚訝，問他：「令尊動手術時幾歲呢？」「八十歲。」

我請教醫師，他為父親動手術時的心情。「我覺得很輕鬆，因為只要擔心自己的父親就好。但是幫你動手術時，我要擔心的不只你一個人，我腦中會浮現你太太、你兒子與女兒的臉，有時候甚至還會浮現病人兄弟和父母的臉。相較之下，幫自己父母開刀輕鬆多了。」

這段話讓我知道，動過幾千次手術的醫師，原來並沒有把我當作「單純的身體」，之前都誤會了，不由得感到羞愧。手術時不但得施打會讓人停止呼吸的全身麻醉和肌肉鬆弛劑，讓病人近乎假死狀態，因為我做的是冠狀動脈繞道手術，還必須使用體外心肺循環機器，讓心臟停止跳動。

麻醉是為了讓病人動手術時身體無法動彈，否則無法變成「單純的身體」。聽說就算打了全身麻醉，切開肋骨時的劇烈疼痛，還是可能會讓麻醉劑失效。雖然接受的是這麼大規模的手術，醫生動刀時依舊視我為人際關係中的一份子。

醫生的父親在接受手術後，享受悠然自得的退休生活，十三年之後才過世，讓我忍不住思考，自己在八十歲時，還會想接受冠狀動脈繞道手術嗎？

動手術之前，我有機會和其他外科醫生聊了很久，曾經對某位醫生說：「如果我已經七十歲，也許就不會動手術了。」醫生馬上以強烈的語氣反問我：「為什

麼？」

我會這樣說，是因為那位醫生告訴我，不動手術也是選項之一，讓我很驚訝。

但是我已經決定第二天就要動手術，所以我才說，明天我一定會接受手術，但是如果我已經七十歲，可能就不會了。

我動手術時才五十一歲，說七十歲就不想動手術，是因為我認為人生是一條直線，有起點和終點，七十歲時所剩的人生已經不多，我似乎能想像自己不動手術也能度過餘生的模樣。

為八十歲老父動手術的醫生，和他父親本人，大概都沒想過我所想的事。**如果把人生視為當下可以完成的動作，那麼無論幾歲都可以享受人生**，無論幾歲都應該接受手術治療。在這種思維當中，沒有所謂的「餘生」。

人生不需要因為所剩時間不多而改變生活方式，有些人會覺得自己快死了，所以就開始自暴自棄。然而，就算不到散盡家財、享受奢華的地步，刻意做之前不會做的事情，也很奇怪吧？

我從醫生的話中學到一個教訓——所有人都是人際關係中的一份子。**眼前的父母可能忘記剛剛做過的事情，無法理解自己目前的處境，甚至連家人都不認得。即使如此，也不會改變父母身為人的價值。**

家人無須在意父母忘記一切，和之前一樣以平常心對待就好。就算父母離開人世，家人對父母的思念也不會受到任何影響。

父母和之前一樣，永遠活在我們心中。

父母身為人的價值，

並不會因為忘記家人而改變。

人生不要拖延

母親在世時常說，等子女長大之後要去旅行，直到我成人之後，這句話還只是掛在她嘴上的一句話。母親總是習慣把自己的樂趣往後延。

記憶中，母親早上比誰都早起，家事又做得比誰都多，這麼勤勞的母親一生中只和父親出過一次國，還不是為了旅行，而是因為我的舅舅（母親的弟弟）在國外工作死於意外。我並不清楚母親在這趟傷心的旅程中，和父親有過什麼樣的對話。

母親在四十九歲時死於中風，我當然也曾經後悔，沒有好好把握母親在世的時間。要是我知道母親的人生這麼短暫，聽到她說等我們長大之後要去旅行，就不會只是笑母親想太多，而是化為實際行動，真的送她去旅行。日後想到這件事，實在後悔莫及。

高中教我們倫理社會的老師，當時已經七十多歲了。他上課時常常對我們描述老年生活：「那些老人（表示老師不覺得自己是老人）年輕時只知道賺錢，其他事情都不知道，也不知道要看書。等到退休，身體也無法自由行動了才知道，只要懂得享受閱讀之樂，就不需要怕老啊！我退休後要好好來讀年輕時囤積至今的書。」

我當時只是高中生，雖然無法全然體會，但聽了老師這番話也頗能感受閱讀的喜悅。沒想到高中畢業那年的夏天，我就接到了老師的訃報。對老師而言，能夠教一輩子的書應該很幸福，然而無法實現退休後盡情閱讀的心願，一定也很遺憾

吧！

因為經歷過這些事情，我便下定決心，**想做的事情要趁能做的時候馬上做，絕不要拖延。**

杜斯妥也夫斯基在小說《白癡》中，描述一名男子在即將被執行死刑時，獲得赦免而免於一死的情節。那名被宣判死刑的男子認為，根據公務員的形式主義，最快也要一星期之後才會執行，沒想到手續意外的少。某天早上獄卒叫醒男子，通知他：「一過九點就要行刑。」

男子向獄卒抗議，認為程序應該還沒完成，最後他終於完全清醒，放棄爭執而陷入沉默。「這麼突然就要執行死刑，是要我怎麼辦……」

某天早上，我突然被救護車送到醫院，醫生告訴我得了心肌梗塞時，我的心情

也是如此。

男子了解自己無法逃避，在生命只剩最後五分鐘時，他決定花兩分鐘和朋友道別，花一分鐘回顧自己的人生，剩下來的時間則用來欣賞人生最後的風景。

沒想到行刑前男子突然獲得赦免，得到無窮時間之後，他不再精打細算如何運用，結果就是白白浪費了許多時間。我剛剛提到不要拖延，想做的事情要趁能做的時候做，並不是要大家活在急迫到彷彿無法呼吸的情緒之下。男子浪費了許多時間的情節，杜斯妥也夫斯基描寫得栩栩如生，**無須思考如何運用時間的人生，其實很幸福。**

無須計算時間的生活，指的不是隨便度日，而是擺脫時鐘計算時間的束縛，獲得自由，才能享受當下的意思。

無須計算時間的生活，

意味自由。

因為自由，才能享受當下。

終章　樂在「當下、眼前」

後記

父親走了好幾年之後，有一天我夢到父親要開車出門，不知道要去哪裡。

天色看似即將下雨，於是我走近車子，想問父親有沒有帶傘，結果看到副駕駛座上坐著的，居然是已經過世三十多年的母親。我很久沒有夢到母親了，看到和生前一樣年輕的母親，令我大吃一驚，但是此時我知道，再也不用擔心父親了。

直到現在，我依然不時想起父母，我清楚記得他們生前對我說過的話，也深深感覺到這些話在我心中化為生命的力量，隨時發揮作用。

在醫院陪伴母親和在家照護父親時，我曾因為無法上學和工作，事事不順心而鬱悶不已。然而，只要想起從父母身上學到的種種，我便對於有緣生為兩人的兒子，還能陪伴他們度過人生中的最後一段時光，內心充滿感激。

謹此感謝幻冬社的鈴木惠美女士，和 View 企劃的山本大輔先生仔細閱讀文稿，並提供我許多有益的建議。

二〇一五年十月

岸見一郎

心理勵志 386

面對父母老去的勇氣

作　者 —— 岸見一郎
譯　者 —— 陳令嫻

出版事業部總編輯 —— 王力行
副總編輯 —— 周思芸
生活館副總監 —— 丁希如
責任編輯 —— 李依蒔
封面暨內頁美術設計 —— 江孟達工作室

出版者 —— 遠見天下文化出版股份有限公司
創辦人 —— 高希均、王力行
遠見‧天下文化‧事業群　董事長 —— 高希均
事業群發行人／CEO —— 王力行
出版事業部副社長／總經理 —— 林天來
版權部協理 —— 張紫蘭
法律顧問 —— 理律法律事務所陳長文律師
著作權顧問 —— 魏啟翔律師
社址 —— 台北市 104 松江路 93 巷 1 號 2 樓
讀者服務專線 —— (02) 2662-0012
傳　真 —— (02) 2662-0007；2662-0009
電子信箱 —— cwpc@cwgv.com.tw
直接郵撥帳號 —— 1326703-6 號　遠見天下文化出版股份有限公司

電腦排版／製版廠 —— 立全電腦印前排版有限公司
印刷廠 —— 祥峰印刷事業有限公司
裝訂廠 —— 台興裝訂股份有限公司
登記證 —— 局版台業字第 2517 號
總經銷 —— 大和書報圖書股份有限公司　電話／(02)8990-2588
出版日期 —— 2016 年 6 月 26 日第一版第 1 次印行

國家圖書館出版品預行編目(CIP)資料

面對父母老去的勇氣 / 岸見一郎著 ; 陳令
嫻譯. -- 第一版. -- 臺北市 : 遠見天下文化,
2016.06
　　面；　公分. -- (心理勵志 ; 386)
譯自：老いた親を愛せますか? : それで
も介護はやってくる
ISBN 978-986-479-019-7(平裝)

1.父母 2.親子關係

544.1　　　　　　　　　　　105009795

定價 —— NT280 元
ISBN —— 978-986-479-019-7
書號 —— BBP386
天下文化書坊 —— bookzone.cwgv.com.tw

本書如有缺頁、破損、裝訂錯誤，請寄回本公司調換。
本書僅代表作者言論，不代表本社立場。